Schnell & fleischlos

Joanna Farrow

Schnell & fleischlos

Internationale Gerichte
in weniger als 30 Minuten

Bechtermünz

Schnell & Fleischlos
Joanna Farrow

Titel der Originalausgabe
30 Minute Vegetarian
Zuerst veröffentlicht 2000 in Großbritannien
von Hamlyn Octopus
Hamlyn Octopus ist ein Imprintverlag von
Octopus Publishing Group Limited
2 – 4 Heron Quays
Docklands
London E14 4JP

Copyright © 2000 by Octopus Publishing Group Limited

Deutsche Erstausgabe
Copyright © der deutschen Übersetzung by Weltbild Verlag GmbH,
Augsburg 2001
Redaktionsleitung: Polly Manguel
Lektorat: Sarah Ford, Jo Richardson
Creative Director: Keith Martin
Layout und Design: David Godfrey
Fotografie: William Reavell
Styling: Clare Hunt
Lebensmittel- und Ernährungsberaterin: Joanna Farrow
Koordination und Bearbeitung der deutschen Ausgabe:
Neumann & Nürnberger, Leipzig
Übertragung ins Deutsche: INTER.CONNECT, Leipzig
Umschlaggestaltung: Atelier Seidel, Altötting
Umschlagmotiv: Stockfood, München
Gesamtherstellung: Toppan Printing Co. (HK) Ltd., Hong Kong

Printed in China

ISBN 3-8289-1091-2

Hinweise

1 In allen Rezepten werden Standardabmessungen verwendet.
    1 Esslöffel = ein 15 ml Löffel
    1 Teelöffel = ein 5 ml Löffel
2 Eier sollten, wenn nicht anders angegeben, mittelgroß sein. Das Gesundheits-
    amt weist darauf hin, dass Eier nicht roh verzehrt werden sollten. Dieses
    Buch enthält Rezepte, in denen rohe bzw. nur leicht gekochte Eier verwendet
    werden. Empfindlichere Personen, wie schwangere Frauen, stillende Mütter,
    Menschen mit gesundheitlichen Problemen, ältere Menschen sowie Babys und
    Kleinkinder, sollten auf den Verzehr von nicht bzw. leicht gekochten Speisen
    mit Eiern verzichten. Diese Gerichte sollten kühl aufbewahrt und schnell ver-
    braucht werden.
3 Milch sollte, soweit nicht anders angegeben, den vollen Fettgehalt besitzen.
4 Verwenden Sie, soweit nicht anders angegeben, frische Kräuter. Sollten sie
    nicht erhältlich sein, verarbeiten Sie getrocknete Kräuter in der Hälfte der
    angeführten Menge.
5 Bereiten Sie die Gerichte mit frisch gemahlenem, schwarzen Pfeffer zu,
    soweit nicht anders angegeben.
6 Die Backröhre sollte auf die hier angeführte Temperatur vorgeheizt sein.
    Wenn Sie einen Heißluftherd in Betrieb haben, befolgen Sie die Gebrauchs-
    anweisungen zum Einstellen der Temperatur und zur Backzeit.
7 Dieses Buch enthält Rezepte, die Nüsse enthalten. Leser mit bekannten aller-
    gischen Reaktionen auf Nüsse und Stoffe, die Nüsse enthalten, und Leser,
    die möglicherweise für diese Allergien anfällig sind, wie schwangere Frauen,
    stillende Mütter, Menschen mit gesundheitlichen Problemen, ältere Menschen
    sowie Babys und Kleinkinder, sollten auf den Verzehr von Gerichten, die mit
    Nüssen oder Nussöl hergestellt sind, verzichten. Es empfiehlt sich fertig
    gekaufte Zutaten auf den Gehalt dieser Stoffe zu überprüfen.
8 Vegetarier sollten sich versichern, dass Käse pflanzliches Lab enthält. Es
    gibt u. a. vegetarische Varianten von Parmesan, Feta, Cheddar, Cheshire,
    Red Leicester, Dolcelatte und viele Arten Ziegenkäse.

Inhalt

Einleitung

„Schnell & Fleischlos" spricht sicher jeden an, der weiß, wie exotisch und anregend die moderne vegetarische Küche sein kann.

Wie viele Kinder meiner Generation bin ich mit einer auf Fleisch basierenden Nahrung aufgewachsen. Obwohl meine Mutter sehr gut kochte, hatte ich große Schwierigkeiten den traditionellen Braten oder den klassischen Wintereintopf mit Appetit zu essen. Ich kann mich daran erinnern, ungeliebte Rind- oder Lammfleischstücke unter Messer und Gabel versteckt zu haben, in der naiven Hoffnung, dass es meine Eltern nicht bemerken würden. Das war wahrscheinlich schon ein Vorgeschmack auf meine persönlichen späteren Essgewohnheiten. Doch vielleicht haben sich die meisten von uns einfach nur von den typischen, aus Fleisch und zwei Sorten Gemüse bestehenden Gerichten abgewendet.

Das ist natürlich auch eine unvermeidliche Konsequenz aus dem wachsenden Interesse an allem, was mit Essen zu tun hat. Wir reisen mehr und nutzen die Gelegenheit, Küchen, Geschmacksrichtungen und Zutaten auszuprobieren, die für unsere Eltern total fremd waren. Außerdem ist eine größere Auswahl an Nahrungsmitteln aus aller Welt erhältlich. Fernsehprogramme, Zeitschriften und Kochbücher nähren unseren Wusch nach immer neuen Gaumenfreuden mit interessanten Geschmacksrichtungen.

Das alles war dem Anliegen der Vegetarier sehr nützlich. Aber lassen wir die Moral beiseite. Die Leute haben entdeckt, dass es rund um den Globus so viele Küchen gibt, die nicht auf Fleisch basieren und von denen sie sich viele Anregungen holen können, dass sie ihren Fleischverzehr (wie den Braten meiner Mutter) eingeschränkt haben. Wie viele Leute essen denn heute noch so viel Fleisch, wie vor zehn Jahren?

Mit diesem Buch will ich zeigen, dass die vegetarische Küche ihr fades, wenn auch verdientes Image, verkörpert durch die symbolische Gemüselasagne oder eintönige vegetarische Gerichte, die in bestimmten Restaurants angeboten wurden (und in einigen Fällen noch werden), endlich abgestreift hat. Ob Sie nun ausgemachter Vegetarier oder Fleischliebhaber mit Lust auf Abwechslung sind, hier finden Sie eine Auswahl an Rezepten, die Sie anregen und verzaubern werden – eine berauschende Mischung aus stimulierenden Geschmacksrichtungen und vielfältigen kulinarischen Praktiken. Obendrein sind es Schnellgerichte. Es ist so einfach, eine leckere, hausgemachte Pesto zuzubereiten und sie mit Pasta zu vermischen, oder eine fernöstliche Gewürzmischung mit Bohnen, Gemüse und Nudeln zu servieren. Diese Spontanität nutzt die Essenz frischer Kräuter und die Schärfe von Gewürzen, um phantasievolle und wohlschmeckende Gerichte in weniger als 30 Minuten zuzubereiten. Sie müssen sich vorher natürlich mehr Gedanken darüber machen, was Sie kochen möchten, und Sie müssen mehr Zutaten verwenden. Aber Sie werden auf keinen Fall den halben Tag in der Küche zubringen, um komplizierte oder teure Kreationen zuzubereiten.

Diejenigen die noch vom Wert der vegetarischen Küche überzeugt werden müssen, sollten ihre auf Fleisch basierende Nahrung als Gewohnheit betrachten. Wenn Sie mit dieser Gewohnheit brechen, bedeutet das nicht, dass Sie alles aufgeben müssen, sondern sich nur dem Reichtum öffnen, auf eine neue, aufregende und einfache Art zu kochen.

Joanna
Farrow

Glossar

Balsamico

Ist seit einigen Jahren eine weit verbreitete Zutat mit einem volleren und süßeren Geschmack, als die üblichen Sorten Weinessig (obwohl diese noch für viele Gerichte verwendet werden). Balsamico wird in Modena, Italien hergestellt. Er lagert bis zu 50 Jahren in Holzfässern, um sein Aroma und seinen Preis zu entfalten!

Chilis

Hier gibt es beträchtliche Unterschiede in Bezug auf die Schärfe der Schoten. Leider findet man den Grad der Schärfe oft erst beim Kochen heraus. Zur groben Orientierung soll gesagt sein, dass sowohl die grünen als auch die roten kleinen, thailändischen Chilischoten sehr scharf sind, während die größeren, rundlicheren, die im Supermarkt lose verkauft werden, milder sind. Bei selteneren Chilis, z. B. Scotch Bonnet, die in kleinen Packungen in Fachgeschäften erhältlich sind, ist der Grad der Schärfe ausgewiesen.

Gemüsebrühe

Eine unerlässliche Zutat in vegetarischen Suppen, Eintöpfen, Reis und Gemüsegerichten. Flüssige Konzentrate sind aromatischer als jene in Würfelform für die alltägliche vegetarische Küche. Für besondere Anlässe sollten Sie frische Gemüsebrühen kaufen, oder, wenn Sie dafür Zeit haben, Ihre eigenen herstellen. Verwenden Sie die nachstehend aufgezählten Gemüsesorten als grobe Orientierung und fügen Sie noch Gemüsereste aller Art hinzu, z. B. Kohl, Brokkoli, Zucchini, Fenchel, Frühlingszwiebeln oder Sellerie. Hausgemachte Gemüsebrühen haben eine kräftige Farbe und einen würzigen Geschmack.

Für 1 Liter benötigen Sie:
2 Esslöffel Olivenöl
1 große Zwiebel, gehackt, plus Haut
2 Karotten, gehackt
125 g Rüben oder Pastinaken
3 Selleriestangen, in Scheiben geschnitten
125 g Pilze, in Scheiben geschnitten
2 Lorbeerblätter
Thymian- und Petersilienstängel
2 Tomaten, in Würfel geschnitten
2 Teelöffel schwarze Pfefferkörner

1 Erhitzen Sie das Öl in einem großen Topf. Geben Sie die Zwiebel, Karotten, Rüben oder Pastinaken, Sellerie und Pilze dazu und lassen Sie alles fünf Minuten dünsten. Fügen Sie anschließend Kräuter, Tomaten, Pfefferkörner, Zwiebelhäutchen und zwei Liter Wasser hinzu.

2 Lassen Sie die Brühe aufkochen und decken Sie einen Topfdeckel halb darüber. Bei schwacher Hitze eine Stunde kochen lassen, anschließend abkühlen und abschütten. Frieren Sie die Brühe bis zu zwei Tagen ein.

Getrocknete Tomaten

Diese aromatischen, meistens in Öl eingelegten Tomaten sind sehr nützlich in den nördlichen Regionen, wo Tomaten gewöhnlich nicht dieselbe Farbe und Geschmacksintensität besitzen, wie die in den Mittelmeerländern. Sie werden zerkleinert und in die Tomatensuppe oder den Eintopf gegeben, damit sie das Aroma intensivieren. Paste aus getrockneten Tomaten besitzt gleiche Qualitäten.

Käse

Käse spielt in der vegetarischen Küche nicht nur als Geschmacksstoff eine wichtige Rolle, sondern auch als Quelle für Eiweiß, Kalzium und Vitamine. Während viele Vegetarier nicht vegetarischen Käse essen, wird er von anderen wegen des Anteils an Lab, das zum Verfestigen des Käses verwendet wird, gemieden (In den letzten Jahren ist die Zahl der Käsesorten mit vegetarischem Lab gestiegen.). Der Geschmacksunterschied ist kaum wahrnehmbar und das Verhalten beim Kochen dasselbe.

Brie und Camembert: Sie sind von einer weichen und weißen Schimmelkultur umgeben und in ihrer Konsistenz sehr unterschiedlich: von trocken und krümelig bis laufend und stark im Geschmack. Sie können als Scheiben geröstet und mit Pasta serviert, oder zum Überbacken von Toast, Pizzas und Gebäck verwendet werden.

Halloumi: Dieser feste, salzige griechische Käse hat eine dichte, weiche Konsistenz. Er eignet sich gebraten und gebacken sehr gut als Zugabe zu Salaten. Er passt außerdem hervorragend zu Obst, wie Weintrauben und Birnen.

Mascarpone: Ein delikater, samtweicher Streichkäse aus Kuhmilch. Er eignet sich sowohl zur Zubereitung herzhafter Gerichte, da er zu einer Soße zerläuft, als auch zur Herstellung von Süßspeisen, wie cremiges Trifle oder Tiramisu.

Mozzarella: Ein frischer, feuchter Käse aus Büffel- oder Kuhmilch mit leichtem Geschmack. Geschmolzen ist er sehr fasrig. Er wird oft mit kräftigeren Käsesorten versetzt, damit er zusätzlichen Geschmack erhält. Er schmeckt ausgezeichnet auf Pizzas, Gebäck oder in Salaten.

Parmesan: Ein kräftiger, salziger, harter Käse, der über Jahre reift, um seinen vollen Geschmack zu entfalten. Parmesan sollte nicht gerieben, sondern im Stück gekauft werden. Reste können gerieben und eingefroren werden.

Ricotta: Ein weicher, milder und frischer Käse, der unter Pasta gerührt, oder als Füllung für Gebäck verwendet werden kann. Er ist außerdem hervorragend geeignet, um ein schnelles Dessert zuzubereiten. Dazu wird er einfach mit Schokolade, Ingwer, Trockenobst und Likören gemischt.

Kokoscreme

Ist sehr kräftig im Geschmack. Ein kleines Stück (25 – 50 g) kann Suppen, Eintöpfen und Soßen zugegeben werden, um sie anzudicken und den Geschmack zu intensivieren. Kokoscreme schmilzt beim Erhitzen.

Kokosmilch

Das ist nicht der Saft der Kokosnuss, sondern eine dicke, sämige, weiche und cremige Milch, die aus dem Fruchtfleisch gewonnen wird. Sie wird in Dosen verkauft und ist eine der häufigsten verwendeten Kochflüssigkeit in der südostasiatischen und karibischen Küche. Kokosmilch verleiht vegetarischen Suppen, Eintöpfen und orientalischen Gerichten Gehalt und Aroma.

Kokosnuss

Wenn es Ihnen gelungen ist, eine frische Kokosnuss zu öffnen, können Sie Salaten und Kurzgebratenem mit dem geriebenen Fruchtfleisch eine erfrischende, nach Nuss schmeckende Note geben. Stechen Sie zuerst mit einem Spieß (oder einem

Korkenzieher) in die drei Augen und lassen Sie den Saft in ein Glas tropfen. Einige lieben diesen trüben, nahrhaften Saft, während andere ihn ablehnen. Wickeln Sie die Kokosnuss in eine Plastiktüte und schlagen Sie sie mit dem Hammer in Stücke. Lösen Sie anschließend das Fleisch von der Schale.

Nudeln

Nudeln sind in vielen verschiedenen Varianten erhältlich, von Reisnudeln bis Nudeln aus Weizen, Bohnenstärke und Buchweizen. Einige sind dick und bandförmig, während andere, z. B. Fadennudeln, dünn sind. Nudeln sind schnell gar, Reisnudeln werden breiig, wenn sie zu lange kochen.

Olivenöl

Extra natives Olivenöl wird aus der ersten Kaltpressung der Oliven gewonnen und hat ein starkes Aroma sowie eine kräftige Farbe. Nachfolgende Pressungen ergeben ein Öl mit milderem Geschmack. Sie sollten ein extra natives Olivenöl für Salate und Gerichte, denen Sie eine kräftige, mediterrane Note geben möchten, und ein milderes, billigeres zum Kochen und Braten verwenden.
Sie können Ihre eigenen aromatischen Öle herstellen, indem Sie Rosmarin-, Estragon-, Thymianstängel, Lorbeerblätter oder frische Chilischoten einige Wochen vor Gebrauch in das Öl einlegen.

Pasta

Wird aus Mehl und Wasser hergestellt, manchmal wird Ei hinzugefügt. Frische Pasta ist besser im Geschmack als trockene und sehr schnell gar, schneller als die Anleitung auf der Verpackung angibt. Deshalb ist beim Kochen Vorsicht geboten. Reste frischer Pasta können eingefroren werden.
Getrocknete Pasta ist eine gute Alternative, aber das Angebot ist von sehr unterschiedlicher Qualität. Beim Abschütten des Wassers sollte immer etwas davon an der Pasta bleiben, damit das Gericht nicht zu trocken wird.

Pesto

Ist eine Mischung aus Basilikum, Pinienkernen, Parmesan, Knoblauch und Öl, die im Glas erhältlich ist, aber besser selbst hergestellt wird. Geben Sie einfach eine gehackte Knoblauchzehe, eine Hand voll Basilikumblätter, drei Esslöffel Pinienkerne und 50 g geriebenen Parmesan in eine Küchenmaschine oder einen Mixer und pürieren Sie alles, indem Sie schrittweise Olivenöl hinzufügen, zu einer dicken, öligen Paste. Wenn Sie Pesto mit Pasta mischen haben Sie ein schnelles und einfaches Abendessen. Sie können damit aber auch Suppen oder Soßen verfeinern. Rote Pesto enthält zusätzlich Tomaten.
Pesto aus getrockneten Tomaten (siehe Seite 65) ist eine leckere Abwechslung zu Pesto.

Polenta

Wird aus gemahlenen Maiskörnern hergestellt. Der Mais wird unter Zugabe von Wasser zu einer dicken Masse gekocht. Polenta wird entweder weich wie Kartoffelbrei serviert, oder als trockene Scheiben, die gebacken oder gebraten und mit Käse überbacken sind. Ihr milder Geschmack kann durch Knoblauch, Olivenöl, Kräuter, Safran oder Chili intensiviert werden. Man kann Polenta auch als Instantpulver kaufen, wenn man schnell fertig sein will.

Rauke

Ist ein leckerer Blattsalat mit Pfeffergeschmack. Versuchen Sie ihren eigenen zu züchten, anstatt teure Packungen zu kaufen. Ziehen Sie ihn über den Sommer in einem Blumentopf oder im Garten, damit Sie ihn billiger und aromatischer bekommen.

Reis

Es gibt Dutzende von Reissorten. Die meisten sind schnell gar und stellen eine gute Alternative zu Pasta und Kartoffeln dar. Einige Sorten von rotem und braunem Reis sowie Wildreis brauchen viel Zeit zum Garen. Wählen Sie für würzige Gerichte weißen oder braunen Basmatireis oder Duftreis aus, da diese eine weichere und lockere Konsistenz und einen besseren Geschmack als gewöhnlicher Langkornreis haben. Italienischer Rundkornreis, entweder Arborio oder Carnaroli, ist sehr beliebt zur Herstellung von klassischen, cremigen Risottos. Servieren Sie Reis mit Pilzen, Spargel oder einfach nur mit Käse und schon haben Sie ein einfaches vegetarisches Gericht.

Safran

Safran ist sehr teuer, aber verleiht vielen Gerichten ein erhabenes Aroma und eine aufregende Farbe, die kein anderes Gewürz zu geben vermag. Er eignet sich hervorragend als Zutat für mediterrane Reis- und Bohnengerichte, oder Polenta und Kartoffeln.

Tapenade

Eine Mischung aus Oliven, Knoblauch, Kapern und Olivenöl, die in Spezialitätengeschäften erhältlich ist, oder aus drei Teelöffel Kapern, 75 g schwarzen Oliven ohne Stein, sechs Esslöffeln Olivenöl und etwas Knoblauch, Kräutern und Gewürzen selbst hergestellt werden kann. Beim Kauf sollte eine Marke gewählt werden, die kein Anchovis enthält.

Tofu

Wird aus Sojabohnen hergestellt und im Stück verkauft. Tofu ist mild im Geschmack und weich in der Konsistenz, aber er sollte nicht verachtet werden. Seine Stärke sind sein Nährwert als Fleischersatz und seine vielfältigen Einsatzmöglichkeiten in der vegetarischen Küche. Verwenden Sie Tofu als Träger für stark aromatische Zutaten, wie Sojasoße, Knoblauch, Ingwer, Zitronengras und Gewürze. Er ist auch geräuchert erhältlich.
Sojakrem ist die leichtere Version von gewöhnlichem Tofu, lässt sich einfach zerdrücken oder mit anderen Zutaten vermischen und wird in Getränken oder als Ersatz für Milchprodukte in Desserts verwendet.

Zitronengras

Frisches Zitronengras ist heutzutage in Spezialitätengeschäften erhältlich. Es gibt Suppen und würzigen Gerichten einen aromatischen Zitronengeschmack. Entfernen Sie harte und blasse Halme und schneiden oder hacken Sie das Gras anschließend fein. Wenn Sie kein frisches Zitronengras finden, kaufen Sie das getrocknete Gewürz.

Suppen

Suppen gehören ohne Zweifel zu den Gerichten, mit denen man die vegetarische Küche am bequemsten genießen kann. Großzügige Portionen mit dicken Gemüsestücken oder Hülsenfrüchten, serviert mit warmen Körnerbrot, geben eine sättigende Hauptmahlzeit ab, während subtil gemischte, leichte und duftende Suppen den Appetit auf ein wohlschmeckendes Hauptgericht wecken.

Vorbereitung: 5 Minuten Kochzeit: 20 Minuten Insgesamt: 25 Minuten Personen: 4

Suppe aus weißen Bohnen und getrockneten Tomaten

3 Esslöffel Olivenöl
1 Zwiebel, fein gehackt
2 Stangen Sellerie, in dünne Scheiben geschnitten
2 Knoblauchzehen, in dünne Scheiben geschnitten
2 x 425 g weiße Bohnen aus der Dose, abgespült und abgetropft
4 Esslöffel Tomatenpaste aus getrockneten Tomaten
900 ml Gemüsebrühe (siehe Seite 9)
1 Esslöffel Rosmarin oder Thymian, gehackt
Salz und Pfeffer
Geriebener Parmesan nach Wunsch

Obwohl sie in wenigen Minuten zubereitet ist, erinnert die Suppe mit ihren dicken Stücken an eine robuste italienische Minestrone. Serviert mit Brot und viel Parmesan eignet sie sich hervorragend als Hauptgericht.

1 Erhitzen Sie das Öl in einem Topf. Geben Sie die Zwiebel dazu und braten Sie alles glasig innerhalb von drei Minuten. Fügen Sie anschließend Sellerie und Knoblauch hinzu und lassen Sie alles zwei Minuten dünsten.

2 Geben Sie weiße Bohnen, Tomatenmark, Gemüsebrühe, Rosmarin oder Thymian und etwas Salz und Pfeffer in den Topf. Lassen Sie die Suppe aufkochen, bedecken Sie den Topf und lassen Sie alles fünfzehn Minuten bei kleiner Hitze kochen. Streuen Sie beim Servieren den Parmesan auf die Suppe.

Vorbereitung: 7 Minuten Kochzeit: 23 Minuten Insgesamt: 30 Minuten Personen: 4

Grüne Linsensuppe mit Kräuterbutter

3 Esslöffel Olivenöl
2 Zwiebeln, in Ringe geschnitten
2 Lorbeerblätter
175 g grüne Linsen, abgespült
1 Liter Gemüsebrühe (siehe Seite 9)
½ Teelöffel gemahlener Kurkuma
Kleine Hand voll Korianderblätter, grob gehackt
Salz und Pfeffer

Kräuterbutter
50 g weiche, gesalzene Butter
1 große Knoblauchzehe, zerdrückt
1 Teelöffel Paprika
1 Teelöffel Kreuzkümmel
1 rote Chili, entkernt und in dünne Ringe geschnitten

Servieren Sie die Kräuterbutter extra, damit sich jeder seine Suppe nach dem eigenen Geschmack verfeinern kann.

1 Erhitzen Sie das Öl in einem Kochtopf. Geben Sie die Zwiebeln in das Öl und braten Sie alles drei Minuten. Fügen Sie Lorbeerblätter, Linsen, Gemüsebrühe und Kurkuma hinzu. Lassen Sie die Suppe aufkochen und bedecken Sie den Topf. Bei kleiner Hitze zwanzig Minuten köcheln lassen bis die Linsen weich sind und breiig werden.

2 Bereiten Sie in der Zwischenzeit die Kräuterbutter zu. Mischen Sie Knoblauch, Paprika, Kreuzkümmel und Chili unter die weiche Butter und geben Sie alles auf einen kleinen Teller.

3 Rühren Sie den Koriander in die Suppe, schmecken Sie mit Salz und Pfeffer ab und servieren Sie mit der separaten Kräuterbutter, damit sich jeder seine Suppe nach Belieben würzen kann.

Schwarze Bohnensuppe mit Soba-Nudeln

200 g getrocknete Soba-Nudeln
2 Esslöffel Erdnuss- oder Pflanzenöl
2 Bund Frühlingszwiebeln, in Ringe geschnitten
2 große Knoblauchzehen, grob gehackt
1 Rote Chili, entkernt und in Scheiben geschnitten
4 cm langes Stück Ingwer, geschält und geraspelt
125 ml schwarze Bohnensoße zum Anbraten
750 ml Gemüsebrühe (siehe Seite 9)
200 g Paksoi oder Wirsing, geraspelt
2 Teelöffel Sojasoße
1 Teelöffel Streuzucker
50 g rohe Erdnüsse, ungesalzen und geschält

Die in der japanischen Küche sehr traditionellen Soba-Nudeln werden aus Buchweizen und Vollkornmehl hergestellt. Sie schmecken nussig und sind nicht so trocken wie viele andere, aus Vollkornmehl hergestellte Nudeln.

1 Die Nudeln in ausreichend Wasser fünf Minuten gar kochen.

2 In der Zwischenzeit Öl in einem Topf erhitzen. Frühlingszwiebeln und Knoblauch in das Öl geben und eine Minute dünsten.

3 Chili, Ingwer, schwarze Bohnensoße und Gemüsebrühe hinzufügen und aufkochen lassen. Paksoi oder Wirsing, Sojasoße, Zucker und Erdnüsse in den Topf geben und die Suppe im offenen Topf vier Minuten bei geringer Hitze kochen.

4 Nudeln abgießen und in Suppenschalen anrichten, anschließend die Suppe in die Schalen füllen und sofort servieren.

Suppe mit neuen Kartoffeln, Koriander und Lauch

500 g neue und gesäuberte Kartoffeln
3 kleine Lauchstangen, verschnitten
40 g Butter
1 Esslöffel schwarze Senfkörner
1 Zwiebel, gehackt
1 Knoblauchzehe, in dünne Scheiben geschnitten
1 Liter Gemüsebrühe (siehe Seite 9)
Reichlich frische Muskatnuss, gerieben
Kleine Hand voll Koriander, grob gehackt
Salz und Pfeffer
Warmes Brot dazu reichen

1 Die Kartoffeln halbieren oder in 1 cm dicke Scheiben schneiden. Die Lauchstangen längs halbieren und anschließend quer in kleine Häcksel schneiden.

2 Butter in einem gusseisernen Topf zerlassen. Senfkörner, Zwiebel, Knoblauch und Kartoffeln in die Butter geben und fünf Minuten braten. Gemüsebrühe und Muskatnuss hinzufügen und die Suppe aufkochen. Den Topf bedecken und die Suppe zehn Minuten bei kleiner Hitze kochen, bis die Kartoffeln weich sind.

3 Lauchstangen und Koriander in die Suppe geben und fünf Minuten garen. Die Suppe mit Salz und Pfeffer abschmecken und anschließend mit warmen Brot servieren.

Vorbereitung: 5 Minuten Kochzeit: 20 Minuten Insgesamt: 25 Minuten Personen: 4

Spinatsuppe mit Pilzen

50 g Butter
1 Esslöffel Erdnuss- oder Pflanzenöl
1 Zwiebel, klein gehackt
150 g Shiitakepilze
175 g Maronen
2 Knoblauchzehen, zerdrückt
5 cm langes Stück frische Ingwerwurzel,
geschält und geraspelt
1 Liter Gemüsebrühe
225 g junger Spinat
Reichlich frische Muskatnuss, gerieben
Salz und Pfeffer
Croûtons zum Servieren

1 Lassen Sie die Butter zusammen mit dem Öl in einem großen Topf aus. Geben Sie die Zwiebel in den Topf und braten Sie alles fünf Minuten. Fügen Sie die Pilze und den Knoblauch hinzu und lassen Sie alles drei Minuten dünsten.

2 Gießen Sie die Gemüsebrühe dazu und rühren Sie den Ingwer unter. Lassen Sie die Suppe aufkochen und anschließend bedeckt zehn Minuten bei geringer Hitze kochen.

3 Fügen Sie Spinat und die Muskatnuss dazu. Die Suppe noch einmal zwei Minuten auf kleiner Flamme kochen lassen. Schmecken Sie mit Salz und Pfeffer ab und streuen Sie zum Schluss die Croûtons über die Suppe.

Vorbereitung: 5 Minuten Kochzeit: 15 Minuten Insgesamt: 20 Minuten Personen: 4

Maiscremesuppe mit Kartoffeln

2 Esslöffel Olivenöl
1 Zwiebel, gehackt
2 Selleriestangen, in Scheiben geschnitten
1 Liter Gemüsebrühe
400 g Kartoffeln, in Würfel geschnitten
300 g tiefgefrorener Mais
2 Esslöffel Estragon, gehackt
Reichlich frische Muskatnuss, gerieben
4 Teelöffel Schlagsahne
Salz und Pfeffer

1 Erhitzen Sie das Öl in einem großen Topf. Geben Sie die Zwiebel und den Sellerie in das Öl und lassen Sie alles fünf Minuten dünsten. Gießen Sie die Gemüsebrühe dazu, anschließend alles aufkochen lassen.

2 Fügen Sie die Kartoffeln hinzu und lassen Sie die Suppe im offenen Topf fünf Minuten bei geringer Hitze kochen. Geben Sie den Mais und den Estragon in die Suppe, die weitere fünf Minuten kochen sollte, bis die Kartoffeln weich sind.

3 Füllen Sie die Suppe in eine Küchenmaschine oder in einen Mixer und rühren Sie alles breiig, aber nicht glatt. Sie können die Suppe auch im Topf lassen und mit einem Handmixer rühren.

4 Anschließend wird die Suppe im Topf mit Muskatnuss und Sahne ergänzt. Schmecken Sie mit Salz und Pfeffer ab. Bevor Sie die Suppe servieren, ist sie eine Minute aufzuwärmen.

Zucchinisuppe mit Parmesan

25 g Butter
1 Esslöffel Olivenöl
1 große Zwiebel, gehackt
475 g Zucchini, in Scheiben geschnitten
75 g Pinienkerne
1 Esslöffel Salbei, gehackt
1 Liter Gemüsebrühe (siehe Seite 9)
100 g Parmesan, zerbröselt
4 Esslöffel Schlagsahne
Salz und Pfeffer

1 Die Butter zusammen mit dem Öl in einem großen Topf auslassen. Zwiebel, Zucchini und Pinienkerne in den Topf geben und ungefähr fünf Minuten dünsten, bis sie weich sind.

2 Gemüsebrühe und Salbei hinzufügen. Die Suppe im geschlossenem Topf fünf Minuten kochen lassen, anschließend Parmesan in die Suppe streuen und noch einmal zwei Minuten aufwärmen.

3 Die Suppe in einer Küchenmaschine oder einem Mixgerät bzw. im Topf mit einem elektrischen Handmixer pürieren.

4 Die Suppe wieder in den Topf geben und mit Schlagsahne sowie etwas Salz und Pfeffer abschmecken. Vor dem Servieren eine Minute aufwärmen.

Vorbereitung: 5 Minuten Kochzeit: 15 Minuten Insgesamt: 20 Minuten Personen: 4

Knoblauch-Paprika-Suppe mit pochiertem Ei

4 Esslöffel Olivenöl
12 dicke Scheiben Baguette
5 Knoblauchzehen, in Scheiben geschnitten
1 Zwiebel, fein gehackt
1 Esslöffel Paprika
1 Teelöffel gemahlener Kreuzkümmel
Gute Prise Safranfäden
1,2 Liter Gemüsebrühe
25 g getrocknete Suppennudeln
4 Eier
Salz und Pfeffer

Das Rezept basiert auf einer dicken, spanischen Knoblauchsuppe, in der pochierte oder Spiegeleier sind. Ich habe noch etwas Pasta hinzugefügt, damit die Suppe mehr Substanz hat.

1 Das Öl in einem gusseisernen Topf erhitzen. Brot in das Öl geben und von jeder Seite goldbraun rösten. Brot zum Abtropfen auf Küchenpapier legen.

2 Knoblauch, Zwiebeln, Paprika und Kreuzkümmel in das Öl geben und drei Minuten dünsten. Gemüsebrühe dazugeben, mit Safran würzen und aufkochen lassen. Anschließend mit den Nudeln ergänzen, den Topf bedecken und die Suppe ungefähr acht Minuten bei geringer Hitze kochen, bis die Nudeln gar sind. Suppe mit Salz und Pfeffer abschmecken.

3 Eier über einer Untertasse aufschlagen und nacheinander in den Topf geben. Zwei Minuten pochieren.

4 Je drei Scheiben geröstetes Brot in die vier Suppenschüsseln legen. Suppe so in die Schüsseln füllen, dass in jeder ein Ei ist. Sofort servieren.

Vorbereitung: 10 Minuten Kochzeit: 20 Minuten Insgesamt: 30 Minuten Personen: 4

Schalottencremesuppe mit Rosmarin

4 Esslöffel Olivenöl
375 g Schalotten, in Scheiben geschnitten
1 rote Zwiebel, grob gehackt
2 Knoblauchzehen, grob gehackt
4 große Rosmarinzweige
1 Teelöffel Streuzucker
750 ml Gemüsebrühe (siehe Seite 9)
5 Esslöffel Schlagsahne
Salz und Pfeffer
Croûtons von geröstetem Baguette zum Servieren

1 Das Öl in einem Topf erhitzen. Schalotten, Zwiebel, Knoblauch, Rosmarin und Zucker in das Öl geben und ungefähr fünf Minuten dünsten, bis sie weich und goldgelb sind.

2 Gemüsebrühe hinzufügen und aufkochen lassen. Topf bedecken und die Suppe ungefähr fünfzehn Minuten bei geringer Hitze kochen lassen, bis die Schalotten weich sind.

3 Die Suppe in einer Küchenmaschine oder einem Mixgerät bzw. im Topf mit einem elektrischen Handmixer pürieren.

4 Die Suppe in den Topf schütten, mit Schlagsahne abziehen und mit Pfeffer und Salz abschmecken. Eine Minute aufwärmen, in die Suppenschüsseln füllen und mit darüber gestreuten Croûtons servieren.

Vorbereitung: 5 Minuten Kochzeit: 12 Minuten Insgesamt: 17 Minuten Personen: 4

Kürbissuppe mit Kokosmilch

3 Esslöffel Erdnussöl
4 Thymianblätter
2 Knoblauchzehen, grob gehackt
1 rote Chili, entkernt und grob gehackt
1 Teelöffel Kreuzkümmel
425 g Kürbis aus der Dose
1 Teelöffel brauner Zucker
450 ml Gemüsebrühe (siehe Seite 9)
400 ml Kokosmilch aus der Dose
1 – 2 Esslöffel Zitronen- oder Limonensaft
Salz und Pfeffer
Koriander, grob gehackt, zum Garnieren

1 Erhitzen Sie das Öl in einem Topf. Die Thymianblätter gemeinsam mit Knoblauch, Chili und Kreuzkümmel in das Öl geben. Zwei Minuten dünsten lassen.

2 Fügen Sie Kürbis, Zucker, Gemüsebrühe und die Kokosmilch hinzu und lassen Sie die Suppe im geschlossenen Topf zehn Minuten bei geringer Hitze kochen.

3 Schmecken Sie die Suppe mit Zitronen- oder Limonensaft sowie Salz und Pfeffer ab. Streuen Sie den gehackten Koriander darüber und servieren Sie die Suppe.

Vorbereitung: 10 Minuten Kochzeit: 15 Minuten Insgesamt: 25 Minuten Personen: 4 – 6

Chilisuppe mit Paprika

2 Esslöffel Olivenöl
2 Zwiebeln, gehackt
2 Knoblauchzehen, gehackt
1 rote Chili, entkernt und in Scheiben geschnitten
200 g Paprika aus dem Glas, abgetropft
500 g Tomaten, enthäutet
2 Teelöffel Streuzucker
Gemüsebrühe (siehe Seite 9)
2 Esslöffel Koriander, gehackt
4 Teelöffel Crème fraîche
Salz und Pfeffer

1 Erhitzen Sie das Öl in einem großen Topf. Geben Sie Zwiebel, Knoblauch und Chili in das Öl und lassen Sie alles drei Minuten dünsten.

2 Fügen Sie Paprika, Tomaten, Zucker hinzu und anschließend die Gemüsebrühe. Die Suppe im offenen Topf etwa zehn Minuten bei geringer Hitze kochen lassen bis die Tomaten weich sind.

3 Pürieren Sie die Suppe in einer Küchenmaschine oder in einem Mixgerät, bzw. mit einem elektrischen Handmixer im Topf.

4 Geben Sie die Suppe wieder in den Topf und rühren Sie Crème fraîche und den Koriander unter. Schmecken Sie die Suppe mit Pfeffer und Salz ab und wärmen Sie alles vor dem Servieren noch einmal für eine Minute auf.

Suppe mit frischem Ingwer und Pastinaken

25 g Butter
50 g frischer Ingwer, geschält und in dünne Scheiben geschnitten
1 Bund Frühlingszwiebeln
500 g geschnittene Pastinaken
1 Liter Gemüsebrühe (siehe Seite 9)
Salz und Pfeffer
Crème fraîche zum Servieren

1 Lassen Sie die Butter in einem Topf aus, geben Sie den Ingwer dazu und braten Sie ihn eine Minute. Legen Sie eine Frühlingszwiebel zur Seite. Hacken Sie den Rest grob und geben Sie ihn mit den Pastinaken in den Topf. Lassen Sie alles zwei Minuten dünsten.

2 Gießen Sie die Gemüsebrühe dazu und lassen Sie alles aufkochen. Bedecken Sie den Topf, die Suppe kocht fünfzehn Minuten bis die Pastinaken weich sind. Schneiden Sie inzwischen die übrige Zwiebel längs in dünne Streifen.

3 Pürieren Sie die Suppe in einer Küchenmaschine oder in einem Mixgerät bzw. mit einem elektrischen Handmixer im Topf.

4 Schmecken Sie die Suppe mit Salz und Pfeffer im Topf ab und wärmen Sie alles eine Minute auf. Füllen Sie die Suppe anschließend in Schüsseln und geben Sie auf jede Schüssel ein Teelöffel Crème fraîche, bestreut mit Zwiebelstreifen.

Pasta & Nudeln

Die riesige, in Supermärkten und Spezialitätengeschäften erhältliche Auswahl an Pasta und Nudeln ist ein großes Glück für alle Liebhaber guter Küche, vor allem für Vegetarier. Sie haben die Wahl zwischen der vertrauteren mediterranen Küche mit farbenfrohem Gemüse und geschmolzenem Käse, oder den exotischen Gerichten des Fernen Ostens mit Eiernudel- oder Reisnudelgerichten.

Vorbereitung: 5 Minuten Kochzeit: 17 Minuten Insgesamt: 22 Minuten Personen: 4

Bandnudeln mit Auberginen und Pinienkernen

8 Esslöffel Olivenöl
2 mittelgroße Auberginen, in Würfel geschnitten
2 rote Zwiebeln, in Ringe geschnitten
75 g Pinienkerne
3 Knoblauchzehen, zerdrückt
5 Esslöffel Tomatenpaste aus getrockneten Tomaten
150 ml Gemüsebrühe (siehe Seite 9)
300 g frische Bandnudeln mit Pfeffer, Tomaten- oder Pilzgeschmack
100 g schwarze Oliven, ohne Stein
Salz und Pfeffer
3 Esslöffel Blattpetersilie, grob gehackt, zum Garnieren

1 Erhitzen Sie das Öl in einer Bratpfanne und dünsten Sie Auberginen und Zwiebeln 8 – 10 Minuten goldgelb und weich. Geben Sie Pinienkerne und den Knoblauch dazu und braten Sie alles zwei Minuten. Rühren Sie Tomatenpaste und die Gemüsebrühe unter und lassen Sie die Mischung zwei Minuten kochen.

2 Geben Sie die Nudeln in der Zwischenzeit in reichlich kochendes, leicht gesalzenes Wasser und lassen Sie alles zwei Minuten al dente kochen.

3 Nachdem Sie das Wasser abgegossen haben, fügen Sie im Topf Soße und Oliven hinzu und schmecken Sie mit Salz und Pfeffer ab. Rühren Sie die Soße unter und erhitzen Sie das Gericht auf kleiner Flamme eine Minute. Servieren Sie es mit der darüber gestreuten Petersilie.

Vorbereitung: 5 Minuten Kochzeit: 10 Minuten Insgesamt: 15 Minuten Personen: 4

Penne mit Cocktail- tomaten und Ricotta

300 g trockene Penne
3 Esslöffel Olivenöl
1 Zwiebel, gehackt
1 Knoblauchzehe, zerdrückt
1 Esslöffel Oregano, gehackt
325 g Cocktailtomaten, halbiert
1 Teelöffel Streuzucker
3 Teelöffel Tomatenpaste aus getrockneten Tomaten
250 g Ricotta
Salz und Pfeffer

1 Geben Sie die Penne in reichlich kochendes, leicht gesalzenes Wasser und lassen Sie alles zehn Minuten al dente kochen.

2 Erhitzen Sie in der Zwischenzeit das Öl in einer Bratpfanne. Geben Sie die Zwiebel in das Öl und braten Sie sie drei Minuten. Fügen Sie Knoblauch, Oregano, Tomaten und Zucker hinzu. Bei großer Hitze gut umrühren und eine Minute braten lassen. Anschließend fügen Sie die Tomatenpaste und sechs Esslöffel Wasser hinzu, würzen Sie die Soße mit Salz und Pfeffer und lassen alles aufkochen. Geben Sie mit einem Dessertlöffel kleine Mengen Ricotta auf die Soße und erhitzen Sie diese für eine Minute.

3 Gießen Sie das Wasser ab und servieren Sie die Penne. Tragen Sie vorsichtig die Soße auf, damit sich der Ricotta nicht zu stark mit der Soße vermischt. Servieren Sie das Gericht sofort.

Vorbereitung: 5 Minuten Kochzeit: 5 Minuten Insgesamt: 10 Minuten Personen: 4

Pasta mit Brunnenkresse, Dolcelatte und Walnusssoße

300 g frische Pastastücke
75 g Walnüsse, geröstet
175 g reife Dolcelatte, in Würfel geschnitten
Schale einer Zitrone, fein gerieben
200 g Crème fraîche
125 g Wasserkresse, grobe Stängel entfernt
Salz und Pfeffer

Bei diesem Nudelgericht sind, wie bei vielen anderen, nur wenige Zutaten kombiniert und ergeben fast ein Fertiggericht, dass zu jeder Gelegenheit passt. Sollten Sie trockene Pasta verwenden, kochen Sie davon 300 g, während Sie die anderen Zutaten vorbereiten. Reichen Sie zu diesem Gericht einen scharfen Tomaten- oder roten Zwiebelsalat.

1 Geben Sie die Pasta in reichlich kochendes und leicht gesalzenes Wasser. Lassen Sie alles 2 – 3 Minuten kochen, bis sie al dente ist. Schütten Sie das Wasser vorsichtig ab, denn ein Rest davon verbleibt im Topf.

2 Fügen Sie Walnüsse, Käse, Zitronenschale, Crème fraîche und Brunnenkresse hinzu, schmecken Sie die Pasta mit Salz und Pfeffer ab.

3 Verrühren Sie die Zutaten zwei Minuten bei geringer Hitze bis die Crème fraîche zu einer Soße zerlaufen und die Brunnenkresse weich ist. Servieren Sie das Gericht sofort.

Vorbereitung: 10 Minuten Kochzeit: 5 Minuten Insgesamt: 15 Minuten Personen: 4

Bandnudeln mit Tomate und Tapenade

125 g schwarze Oliven, ohne Stein
1 Chili, entkernt und in Scheiben geschnitten
4 Esslöffel Kapern
2 Esslöffel Tomatenpaste aus getrockneten Tomaten
3 Esslöffel Basilikum, gehackt
3 Esslöffel Petersilie oder Kerbel, gehackt
4 Tomaten, gehackt
125 ml Olivenöl
375 g frische Bandnudeln oder frische Nudelstücke
Salz und Pfeffer
Geriebener Parmesan zum Servieren

1 Oliven, Chili und Kapern in einer Küchenmaschine oder in einem Mixgerät fein hacken. Sie können auch mit der Hand gehackt werden. Tomatenpaste mit Kräutern, Tomaten und Öl mischen und mit Salz und Pfeffer abschmecken.

2 Die Pasta in reichlich kochendes und leicht gesalzenes Wasser geben und 2 – 3 Minuten al dente kochen. Anschließend Wasser abschütten und die Pasta wieder in den Topf füllen.

3 Die Mischung hinzufügen. Alle Zutaten unter Rühren zwei Minuten bei kleiner Hitze erwärmen. Das Gericht auf die Teller verteilen, mit Parmesan bestreuen und servieren.

Lasagne mit Pilzen, Zucchini und Mascarpone

25 g Steinpilze, getrocknet
3 Esslöffel Olivenöl
125 g frische Lasagneblätter, halbiert
250 g Mascarpone
2 Knoblauchzehen, zerdrückt
3 Esslöffel Dill oder Estragon, gehackt
25 g Butter
40 g Brotkrumen
500 g Pilze, in Scheiben geschnitten
2 Zucchini, in Scheiben geschnitten
Salz und Pfeffer

1 Die getrockneten Pilze in eine Schüssel geben, mit kochendem Wasser bedecken und zur Seite stellen, während die übrigen Zutaten vorbereitet werden.

2 Einen großen Topf Wasser mit einem Esslöffel Öl aufkochen lassen. Lasagneblätter einzeln in das Wasser geben und etwa vier Minuten al dente kochen.

3 In der Zwischenzeit Mascarpone, Knoblauch und Dill oder Estragon in einer kleinen Schüssel mischen und mit Salz und Pfeffer abschmecken. Die Hälfte der Butter in einer Pfanne zerlassen. Brotkrumen zwei Minuten in der Butter rösten. Zum Abtropfen auf Küchenpapier legen.

4 Restliche Butter mit dem Öl in der Pfanne auslassen. Frische Pilze und Zucchini in die Butter geben und etwa sechs Minuten dünsten. Getrocknete Pilze aus dem Wasser nehmen und in einer Pfanne eine Minute braten lassen.

5 Vier Lasagneblätter mit leichtem Abstand in eine feuerfeste, flache Auflaufform legen. Zuerst ein Drittel des Gemüses, anschließend ein Löffel der Mascarponemischung auf die Lasagneblätter geben. Eine zweite Schicht Lasagneblätter darüber legen und wieder Gemüse und Mascarponemischung hinzufügen. Anschließend die letzte Schicht Lasagneblätter, Gemüse und Mascarpone auftragen.

6 Die Lasagne mit Brotkrumen bestreuen und im vorgeheizten Ofen 6 – 8 Minuten bei 200 °C backen, bis sie durchzogen ist.

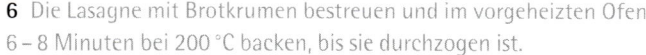

Vorbereitung: 5 Minuten Kochzeit: 7 Minuten Insgesamt: 12 Minuten Personen: 4

Linguini mit Ziegenkäse, Knoblauch und Kräuterbutter

300 g fester Ziegenkäse
1 Zitrone
75 g Butter
2 Esslöffel Olivenöl
3 Schalotten, fein gehackt
2 Knoblauchzehen, zerdrückt
25 g gemischte Kräuter, wie Estragon, Kerbel, Petersilie, Dill, gehackt
3 Esslöffel Kapern
300 g frische oder 250 g getrocknete Linguini
Salz und Pfeffer

Sollten Sie keine frische Pasta für dieses Gericht bekommen, benutzen Sie trockene Pasta, die Sie kochen lassen während Sie die Soße zubereiten. Schütten Sie Pasta immer so ab, dass genügend Feuchtigkeit bleibt, damit sie nicht die Soße austrocknet.

1 Schneiden Sie den Ziegenkäse in dicke Scheiben und legen Sie ihn auf einen leicht einge-ölten, mit Folie bezogenen Grillrost. Backen Sie ihn auf einem vorgeheizten Grill zwei Minuten goldbraun. Halten Sie den Käse warm.

2 Schälen Sie mit einem Gemüseschäler Streifen von der Zitrone und pressen Sie den Saft aus.

3 Lassen Sie die Butter gemeinsam mit dem Öl in einer Bratpfanne aus. Geben Sie Schalotten und Knoblauch in die Pfanne und braten Sie alles drei Minuten. Fügen Sie Kräuter, Kapern und Zitronensaft hinzu, schmecken Sie die Mischung mit Salz und Pfeffer ab.

4 Geben Sie die Pasta in reichlich kochendes, leicht gesalzenes Wasser, kochen Sie alles zwei Minuten al dente. Schütten Sie vorsichtig das Wasser ab und fügen Sie Ziegenkäse und Kräuter-butter hinzu. Mischen Sie die Zutaten vorsichtig. Servieren Sie das Gericht mit der abgezo-genen Zitronenschale.

Vorbereitung: 10 Minuten Kochzeit: 12 Minuten Insgesamt: 22 Minuten Personen: 4

Kurz gebratene vegetarische Nudeln

250 g mittelgroße Eiernudeln
4 Esslöffel Erdnussöl
1 Bund Frühlingszwiebeln, in Ringe geschnitten
2 Karotten, dünn geschnitten
2 Knoblauchzehen, zerdrückt
¼ Teelöffel Chiliflocken, getrocknet
125 g Zuckererbsen
125 g Shiitakepilze, halbiert
3 Köpfe Chinakohl, geschnitzelt
2 Esslöffel Sojasoße, light
3 Teelöffel Hoisinsoße

Nudeln sind genau wie Pasta die ideale Lösung, wenn man nicht weiß, was man kochen soll. Fast alle Salatgemüse, die man im Kühlschrank findet, kön-nen mit ihnen gemischt werden. Mit einem Spritzer Hoisin- und Sojasoße kann man alles außerdem sehr schnell abrunden.

1 Geben Sie die Nudeln in kochendes, leicht gesalzenes Wasser und lassen Sie sie vier Minuten al dente kochen. Anschließend schütten Sie das Wasser ab.

2 Erhitzen Sie das Öl in einer großen Bratpfanne oder in einem Wok. Geben Sie Frühlingszwiebeln und Karotten in das Öl und dünsten Sie alles drei Mi-nuten. Fügen Sie Knoblauch, Chili, Zuckererbsen und Pilze hinzu. Nachdem alles zwei Minuten gebraten hat, geben Sie anschließend den Chinakohl in die Pfanne und dünsten ihn eine Minute.

3 Mischen Sie die abgetropften Nudeln sowie die Soja- und Hoisinsoße mit dem Gemüse in der Pfanne. Braten Sie das Gericht auf kleiner Flamme zwei Minuten, bis es durchgezogen ist, und servieren Sie es sofort.

Vorbereitung: 10 Minuten Kochzeit: 10 Minuten Insgesamt: 20 Minuten Personen: 4

Vegetarische Nudeln in scharfer Kokosmilch

125 g mittelgroße Eiernudeln, getrocknet
2 Esslöffel Erdnuss- oder Pflanzenöl
1 Zwiebel, gehackt
1 rote Chili, entkernt und in Ringe geschnitten
3 Knoblauchzehen, geschnitten
5 cm langes Stück Ingwer, geschält und geraspelt
2 Teelöffel Koriander, gemahlen
½ Teelöffel Kurkuma, gemahlen
Zitronengras, fein geschnitten
400 ml Kokosmilch aus der Dose
300 ml Gemüsebrühe (siehe Seite 9)
125 g Wirsing oder Kohl, fein geschnitten
275 g Stangenbohnen, diagonal geschnitten
150 g Shiitakepilze, in Scheiben geschnitten
75 g Erdnüsse, ungesalzen und geschält
Salz und Pfeffer

Schon eine einzige thailändische Chili verleiht einem Gericht brennende Schärfe. Ist man vorsichtiger, nimmt man eine milde Chili.

1 Die Nudeln in eine Schüssel füllen, mit kochendem Wasser übergießen und zur Seite stellen, während das Gemüse zubereitet wird.

2 Öl in einem großen Topf erhitzen. Zwiebel, Chili, Knoblauch, Ingwer, Koriander, Kurkuma und Zitronengras in das Öl geben und fünf Minuten bei geringer Hitze dünsten.

3 Während die Nudeln abtropfen, Kokosmilch und Gemüsebrühe im Topf aufkochen lassen. Hitze reduzieren und Wirsing oder Kohl, Bohnen, Pilze und die abgetropften Nudeln in die Mischung geben. Topf bedecken und das Gericht fünf Minuten bei geringer Hitze kochen lassen. Anschließend Erdnüsse dazugeben, das Gericht mit Salz und Pfeffer abschmecken und in tiefen Schüsseln auftragen.

Vorbereitung: 10 Minuten Kochzeit: 5 Minuten Insgesamt: 15 Minuten Personen: 4

Reisnudeln mit grünen Bohnen und Ingwer

100 g feine Reisnudeln
125 g grüne Bohnen, halbiert
Fein geriebene Schale und Saft von 2 Limonen
1 thailändische Chili, entkernt und fein gehackt
2,5 cm langes Stück Ingwer, geschält und fein gehackt
2 Teelöffel Streuzucker
Kleine Hand voll Koriander, gehackt
50 g getrocknete Ananasstücke, gehackt

Dieses erfrischende, etwas scharfe Gericht bildet die perfekte Vorspeise zu jedem würzigen, fernöstlichen Hauptgericht. Man kann sie entweder warm servieren oder die Nudeln und Bohnen unter kaltem, laufendem Wasser abkühlen lassen, um eine Erfrischung anzubieten. Soll das Gericht eine Hauptspeise für 2 Personen werden, muss man einfach nur etwas geräucherten, in Würfel geschnittenen Tofu darunter mischen.

1 Die Nudeln in eine Schüssel geben, mit reichlich kochendem Wasser bedecken und vier Minuten ziehen lassen, bis sie gar sind.

2 In der Zwischenzeit Bohnen in kochendes Wasser geben und etwa drei Minuten garen. Anschließend abschütten.

3 Limonenschale und -saft in einer kleinen Schüssel mit Chili, Ingwer, Zucker und Koriander zubereiten.

4 Das Wasser abgießen und die Nudeln in eine große Schüssel geben. Gekochte Bohnen, Ananasstücke und Dressing vor dem Servieren vorsichtig mischen.

Vorbereitung: 15 Minuten   Kochzeit: 15 Minuten   Insgesamt: 30 Minuten   Personen: 4

Pfannkuchen aus Reisnudeln mit kurz gebratenem Gemüse

175 g breite Reisnudeln, getrocknet
1 grüne Chili, entkernt und in Ringe geschnitten
2,5 cm langes Stück Ingwer, geschält und geraspelt
3 Esslöffel Koriander, gehackt
2 Teelöffel Mehl
2 Teelöffel Öl und zusätzliche Portion zum Backen

Kurz gebratenes Gemüse
125 g Brokkoli
2 Esslöffel Erdnuss- oder Pflanzenöl
1 kleine Zwiebel, in Ringe geschnitten
1 rote Pfefferschote, entkernt und in Scheiben geschnitten
1 gelbe oder orangefarbene Pfefferschote, entkernt und in Scheiben geschnitten
125 g Erbsenschoten, längs halbiert
6 Esslöffel Hoisinsoße
1 Esslöffel Zitronensaft
Salz und Pfeffer

1 Geben Sie die Nudeln in kochendes, leicht gesalzenes Wasser, und lassen Sie alles drei Minuten, oder bis sie weich sind, kochen. Geben Sie die gut abgetropften Nudeln in eine Schüssel und dazu Chili, Ingwer, Koriander, Mehl und zwei Teelöffel Öl. Mischen Sie alles und stellen Sie die Schüssel zur Seite.

2 Schneiden Sie den Brokkoli in Scheiben und die Röschen des Brokkolis in kleine Stücke. Kochen Sie die Scheiben 30 Sekunden, dann fügen Sie die Röschen hinzu. Die Scheiben und die Röschen des Brokkolis nochmals 30 Sekunden kochen lassen, anschließend das Wasser abgießen.

3 Erhitzen Sie das Erdnuss- oder Pflanzenöl in einem Wok oder in einer großen Bratpfanne. Geben Sie die Zwiebel in das Öl und braten Sie alles zwei Minuten. Fügen Sie die Pfefferschoten hinzu und dünsten Sie diese drei Minuten bis sie weich, aber dennoch fest sind. Fügen Sie den gekochten Brokkoli, die Erbsenschoten, Hoisinsoße und Limonensaft hinzu, schmecken Sie das Gemüse mit Salz und Pfeffer ab und stellen Sie es zur Seite.

4 Erhitzen Sie etwas Öl in einer 1 cm tiefen Bratpfanne. Geben Sie vier große Löffel Nudeln (die Hälfte der Mischung) getrennt in die Pfanne. Braten Sie diese knusprig und leicht goldbraun. Lassen Sie die Pfannkuchen auf dem Küchenpapier abtropfen und halten Sie sie warm, während Sie die restliche Nudelmischung backen.

5 Erhitzen Sie das Gemüse eine Minute im Wok oder in der Bratpfanne. Legen Sie je zwei Pfannkuchen auf die vier Teller und geben Sie das kurz gebratene Gemüse darüber.

Vorbereitung: 5 Minuten   Kochzeit: 15 Minuten   Insgesamt: 20 Minuten   Personen: 3 – 4

Knuspriger Pastabratling

250 g frische Capellini
4 Esslöffel Olivenöl
2 Zwiebeln, gehackt
3 Knoblauchzehen, zerdrückt
50 g Pinienkerne
75 g getrocknete, in Öl eingelegte Tomaten, abgetropft und klein gehackt
75 g Parmesan, gerieben
5 Eier, leicht geschlagen
4 Esslöffel Schlagsahne
Salz und Pfeffer

1 Geben Sie die Pasta in reichlich kochendes, leicht gesalzenes Wasser, anschließend ungefähr zwei Minuten al dente kochen lassen und das Wasser abgießen.

2 Erhitzen Sie in der Zwischenzeit zwei Esslöffel Öl in einer gusseisernen Bratpfanne. Geben Sie Zwiebel, Knoblauch und Pinienkerne in das Öl und braten Sie sie fünf Minuten goldgelb.

3 Füllen Sie die Pasta in eine Schüssel und fügen Sie die Zwiebelmischung, getrocknete Tomaten, Parmesan, Eier und Schlagsahne hinzu. Schmecken Sie die Zutaten mit Salz und Pfeffer ab und mischen Sie alles gründlich.

4 Wischen Sie die Pfanne aus und erhitzen Sie das restliche Öl. Geben Sie die Pastamischung in das heiße Öl und verteilen Sie die Mischung bis an die Pfannenränder. Lassen Sie diese fünf Minuten bei kleiner Hitze backen, bis sie sich gesetzt hat und die Unterseite goldbraun ist.

5 Drücken Sie einen flachen Teller auf die Pasta, vorsichtig umdrehen und in die Pfanne zurückgleiten lassen, damit die andere Seite gebacken wird. Servieren Sie den Kuchen in vier Teilen und reichen Sie einen gemischten Salat dazu.

Bohnen &
Hülsenfrüchte

Eine Büchse Bohnen, Linsen
oder andere Hülsenfrüchte
liefert dem vegetarischen Koch
eine der am vielfältigsten ein-
setzbaren Zutat für schnelle
und einfache Hauptgerichte.
Verwenden Sie diese Hülsenfrüchte als Grundzutat und
verwandeln Sie diese durch die
Zugabe von kräftigem Knoblauch, Gewürzen, Kräutern
und Aromen in kulinarische
Kostbarkeiten.

Vorbereitung: 15 Minuten Kochzeit: 10 Minuten Insgesamt: 25 Minuten Personen: 4

Nusskoftas mit Minzejoghurt

5 – 6 Esslöffel Erdnuss- oder Pflanzenöl
1 Zwiebel, gehackt
½ Teelöffel Chiliflocken
2 Knoblauchzehen, grob gehackt
1 Esslöffel mittelscharfe Currypaste
425 g Borlotti- oder Cannellinibohnen aus der Dose, abgespült und abgetropft
125 g Mandeln, gemahlen
75 g mit Honig geröstete oder gesalzene Mandeln, gehackt
1 kleines Ei
200ml griechischer Joghurt
2 Esslöffel Minze, gehackt
1 Esslöffel Zitronensaft
Salz und Pfeffer
Warmes Brot zum Servieren
Minzestängel zum Dekorieren

1 Lassen Sie acht Bambusspieße in heißem Wasser einweichen, während Sie die Koftas zubereiten. Sie können auch Metallspieße benutzen, die vorher nicht eingeweicht werden müssen. Erhitzen Sie drei Esslöffel Öl in einer Bratpfanne. Geben Sie die Zwiebel in das Öl und dünsten Sie sie vier Minuten. Fügen Sie Chili, Knoblauch und Currypaste hinzu und lassen Sie alles eine Minute braten.

2 Füllen Sie diese Zutaten mit den Bohnen, gemahlenen und gehackten Mandeln, dem Ei sowie etwas Salz und Pfeffer in eine Küchenmaschine und rühren Sie die Masse, bis sie bindet.

3 Pudern Sie sich Ihre Hände leicht mit Mehl ein, entnehmen Sie der Küchenmaschine etwa ein Achtel der Masse und formen Sie diese rund um einen Spieß zu einem 2,5 cm dicken Würstchen. Fertigen Sie die sieben anderen Koftas genauso an.

4 Legen Sie die Spieße auf einem mit Folie belegten Grillrost und pinseln Sie einen Esslöffel Öl auf die Koftas. Backen Sie sie im vorgeheizten Grill fünf Minuten bei mittlerer Hitze. Damit sie beidseitig gut backen, müssen sie mindestens einmal gedreht werden.

5 Rühren Sie in der Zwischenzeit die Minze sowie etwas Salz und Pfeffer in einer kleinen Schüssel unter den Joghurt. Verrühren Sie in einer zweiten Schüssel das restliche Öl, Zitronensaft sowie etwas Salz und Pfeffer.

6 Bestreichen Sie die Koftas mit Zitronendressing und servieren Sie diese mit dem Joghurt und Minzestängel auf warmem Brot.

Vorbereitung: 3 Minuten, plus Abkühlung Insgesamt: 3 Minuten Personen: 4

Paste mit Knoblauch, Kräutern und Bohnen

425 g Flageoletbohnen aus der Dose, abgespült und abgetropft
125 g Frischkäse
2 Knoblauchzehen, gehackt
3 Esslöffel Pesto (siehe Seite 9)
2 Frühlingszwiebeln, gehackt
Salz und Pfeffer
Blattpetersilie, gehackt, zum Garnieren

Wenn Sie nur ein paar Minuten Zeit haben, um einen Snack oder eine Vorspeise zuzubereiten, ist dieses Rezept die ideale Lösung. Servieren Sie die Paste mit Salatblättern und warmem Brot oder Haferkeksen.

1 Füllen Sie Bohnen, Frischkäse, Knoblauch und Pesto in eine Küchenmaschine oder in ein Mixgerät und vermischen Sie alles gut.

2 Geben Sie die Frühlingszwiebeln sowie etwas Salz und Pfeffer dazu und rühren Sie alles zehn Sekunden. Füllen Sie die Paste in eine Schüssel oder auf einen Teller und lassen Sie diese bis zum Servieren abkühlen.

Vorbereitung: 5 Minuten Kochzeit: 25 Minuten Insgesamt: 30 Minuten Personen: 4

Geschmorte Linsen mit Pilzen und Gremolata

50 g Butter
1 gehackte Zwiebel
2 geschnittene Selleriestangen
2 geschnittene Karotten
175 g Puy-Linsen, abgespült
600 ml Gemüsebrühe (siehe Seite 9)
250 ml trockener Weißwein
2 Lorbeerblätter
2 Esslöffel Thymian, gehackt
3 Teelöffel extra natives Olivenöl
325 g Pilze, in Scheiben geschnitten
Salz und Pfeffer

Gremolata
2 Esslöffel Petersilie, gehackt
1 fein geriebene Zitronenschale
2 Knoblauchzehen, zerdrückt

Gremolata ist einfach eine Mischung aus gehacktem Knoblauch, Petersilie und Zitronenschale, die Suppen und Eintöpfen eine delikate Note verleiht. Streuen Sie sie einfach vor dem Auftragen darüber.

1 Butter im Topf auslassen. Zwiebeln, Sellerie und Karotten drei Minuten in der Butter dünsten. Gemüsebrühe und den Wein dazugeben, ebenso die Linsen, die Kräuter und etwas Salz und Pfeffer. Mischung aufkochen lassen und im offenen Topf zwanzig Minuten bei geringer Hitze kochen bzw. bis die Linsen gar sind.

2 In der Zwischenzeit Gremolata zubereiten.

3 Öl in einer Bratpfanne erhitzen. Die Pilze in die Pfanne geben und bei großer Hitze etwa zwei Minuten braten, bis sie goldbraun sind. Anschließend mit Salz und Pfeffer abschmecken.

4 Die Linsen mit Pilzen und Gremolata bedeckt servieren.

Vorbereitung: 8 Minuten Kochzeit: 20 Minuten Insgesamt: 28 Minuten Personen: 4

Schwarzer Bohneneintopf mit Kohl

4 Esslöffel Olivenöl
1 große Zwiebel, gehackt
1 Stange Porree, gehackt
3 Knoblauchzehen, geschnitten
1 Esslöffel Paprika
2 Esslöffel Majoran oder Thymian, gehackt
625 g Kartoffeln, klein geschnitten
425 g schwarze Bohnen aus der Dose, abgespült und abgetropft
1 Liter Gemüsebrühe
175 g Kohl oder Wirsing, zerkleinert
Salz und Pfeffer
Grobkörniges Brot, zum Servieren

1 Das Öl in einem großen Topf erhitzen. Zwiebeln und Porree in das Öl geben und drei Minuten vorsichtig dünsten. Knoblauch und Paprika hinzufügen und zwei Minuten braten.

2 Majoran oder Thymian, Kartoffeln, Bohnen und Gemüsebrühe in den Topf geben und zum Kochen bringen. Topf bedecken. Eintopf zehn Minuten bei geringer Hitze kochen lassen, bis die Kartoffeln gar sind.

3 Kohl oder Wirsing hinzufügen. Anschließend Eintopf mit Salz und Pfeffer abschmecken und weitere fünf Minuten bei geringer Hitze kochen lassen. Grobkörniges Brot zum Eintopf reichen.

Dhal aus roten Linsen mit Okra

1 Zwiebel, gehackt
250 g rote Linsen, abgespült und abgetropft
1 Teelöffel Kurkuma, gemahlen
1 grüne Chili, entkernt und in Scheiben geschnitten
2 Esslöffel Tomatenmark
900 ml Gemüsebrühe (siehe Seite 9)
25 g Kokoscreme
2 Esslöffel Erdnuss- oder Pflanzenöl
250 g Okras, verschnitten und über kreuz halbiert
2 Teelöffel Kreuzkümmel
1 Esslöffel Senfkörner
2 Teelöffel Schwarzkümmel
2 Knoblauchzehen, gehackt
6 Curryblätter (nach Wunsch)
Salz und Pfeffer

Da rote Linsen schneller als andere Hülsenfrüchte kochen und vorher nicht eingeweicht werden müssen, eignen sie sich hervorragend für schnelles und bequemes Kochen. Reichen Sie Naan- oder Parathabrot und Mangochutney zu diesem Eintopf.

1 Zwiebel, Linsen, Kurkuma, Chili, Tomatenmark Gemüsebrühe und Kokoscreme in einen Topf geben und zum Kochen bringen. Zutaten im offenen Topf fünfzehn Minuten bei geringer Hitze zu einem Brei kochen lassen und häufig umrühren.

2 In der Zwischenzeit Öl in einer Bratpfanne erhitzen. Okra, Kreuzkümmel, Senfkörner, Schwarzkümmel, Knoblauch und Curryblätter (nach Wunsch) in das Öl geben und fünf Minuten bei geringer Hitze dünsten, bis der Okra weich ist.

3 Dhal mit Salz und Pfeffer abschmecken, auf die Teller geben und mit dem gewürzten Okra servieren.

Vorbereitung: 5 Minuten **Kochzeit:** 7 Minuten **Insgesamt:** 12 Minuten **Personen:** 2

Kichererbsenpüree mit Eiern und Kräuteröl

425 g Kichererbsen aus der Dose, abgespült und abgetropft
3 Knoblauchzehen, geschnitten
4 Esslöffel Tahin-Paste
4 Esslöffel Milch
5 Esslöffel Olivenöl
4 Teelöffel Zitronensaft
2 Eier
Je ½ Teelöffel Kreuzkümmel, Koriander und Fenchelsamen, leicht zerdrückt
¼ Teelöffel Chiliflocken
Gute Prise Kurkuma, gemahlen
Salz und Pfeffer
Korianderblätter zum Garnieren

Weiches Kichererbsenpüree mit Spiegeleiern und aromatischem Öl ist der ideale Snack für jede Tageszeit. Reichen Sie übrig gebliebenes Püree genau wie Hummus zu warmem Pitabrot.

1 Geben Sie Kichererbsen mit Knoblauch, Tahin-Paste, Milch, zwei Esslöffel Öl und drei Teelöffel Zitronensaft in eine Küchenmaschine oder in ein Mixgerät. Schmecken Sie die Zutaten mit Salz und Pfeffer ab und pürieren Sie alles. Kratzen Sie das Püree zwischendurch von den Seiten der Schüssel. Füllen Sie das Püree in einen kleinen gusseisernen Topf und wärmen Sie ihn drei Minuten auf, während Sie die Eier zubereiten.

2 Erhitzen Sie einen Esslöffel Öl in einer kleinen Bratpfanne und braten Sie die Eier. Geben Sie das Püree auf die Teller und garnieren Sie diese Speise mit einem Ei.

3 Das restliche Öl und die Kräuter in einer Pfanne bei kleiner Hitze eine Minute braten lassen. Schmecken Sie mit Salz und Pfeffer ab und rühren Sie den restlichen Zitronensaft unter. Gießen Sie das Öl über die Eier und garnieren Sie mit den Korianderblättern.

Vorbereitung: 8 Minuten Kochzeit: 22 Minuten Insgesamt: 30 Minuten Personen: 4

Rote Bohnen mit Kokosnuss und Cashewkernen

3 Esslöffel Erdnuss- oder Pflanzenöl
2 Zwiebeln, gehackt
2 kleine Karotten, in dünne Scheiben geschnitten
3 Knoblauchzehen, zerdrückt
1 rote Pfefferschote, entkernt und in Ringe geschnitten
2 Lorbeerblätter
1 Esslöffel Paprika
3 Esslöffel Tomatenmark
400 ml Kokosmilch
200 g Tomaten aus der Dose, gehackt
150 ml Gemüsebrühe (siehe Seite 9)
425 g rote Kidneybohnen aus der Dose, abgespült und abgetropft
100 g Cashewkerne, ungesalzen, geschält und geröstet
Kleine Hand voll Koriander, grob gehackt
Salz und Pfeffer
Gekochter schwarzer oder weißer Reis, zum Servieren

1 Erhitzen Sie das Öl in einem großen Topf. Geben Sie Zwiebel und Karotten in das Öl und dünsten Sie alles drei Minuten. Fügen Sie Knoblauch, Pfefferschote und Lorbeerblätter hinzu und lassen Sie alles fünf Minuten weich braten.

2 Rühren Sie Paprika, Tomatenmark, Kokosmilch, Gemüsebrühe und Bohnen unter und lassen Sie alles aufkochen. Danach gart bei geringer Hitze das Gemüse im offenen Topf zwölf Minuten.

3 Geben Sie Cashewkerne und Koriander dazu, schmecken Sie das Gericht mit Salz und Pfeffer ab und wärmen Sie es für zwei Minuten auf. Servieren Sie es mit Reis.

Vorbereitung: 5 Minuten Kochzeit: 25 Minuten Insgesamt: 30 Minuten Personen: 2 – 3

Cannellinibohnen auf Toast

2 Esslöffel Erdnuss- oder Pflanzenöl
1 Zwiebel, gehackt
1 Selleriestange, in dünne Scheiben geschnitten
1 Teelöffel Vollkornmehl
425 g Cannellinibohnen aus der Dose
250 g Tomaten aus der Dose
300 ml Gemüsebrühe (siehe Seite 9)
1 Esslöffel Körnersenf
1 Esslöffel Sirup
1 Esslöffel Tomatenketchup
1 Esslöffel Worcestersoße
Salz und Pfeffer
Geröstetes, grobes Brot zum Servieren

Das ist eine schnelle und einfache Version der Boston Baked Beans. Leicht gewürzt und etwas süß ist das Gericht Fastfood der Spitzenklasse.

1 Erhitzen Sie das Öl in einem Topf. Geben Sie die Zwiebel und den Sellerie in das Öl und dünsten Sie für fünf Minuten, bis sie goldgelb sind. Mischen Sie das Vollkornmehl mit zwei Esslöffel Wasser und geben Sie es mit den übrigen Zutaten in den Topf.

2 Bringen Sie die Zutaten zum Kochen. Lassen Sie im offenen Topf für zwanzig Minuten mit etwas reduzierter Hitze einen dicken Brei entstehen. Häufiges Umrühren nicht vergessen. Der Brei wird auf den Toast gegeben und serviert.

Vorbereitung: 15 Minuten Kochzeit: 6 Minuten Insgesamt: 21 Minuten Personen: 4

Bratling aus Chili, Käse und Vollkorn

125 g gefrorener Mais, aufgetaut
200 g Mondbohnen aus der Dose, abgespült und abgetropft
125 g Semoliona oder Polenta
125 g Cheddarkäse, gerieben
½ Teelöffel Chiliflocken
4 Esslöffel Mangochutney
1 Ei
Öl zum Backen
Salz und Pfeffer

Kleine Vollkornkuchen bieten eine willkommene Abwechslung zu Brot als Zugabe zum Salat, oder als Snacks. Wenn man nicht alle auf einmal backen will, kann man die geformten Kuchen bis zu zwei Tagen einfrieren.

1 Mais und Bohnen in eine Küchenmaschine oder in einen Mixer geben und zu kleinen Stücken häckseln. Sie können auch mit einer Gabel zerdrückt werden. Anschließend in eine Schüssel füllen und Semolona oder Polenta, Käse und Chilipulver hinzufügen.

2 Große Stücke des Mangochutney zerkleinern und mit einem Ei in eine Schüssel geben, die Masse zu einem großen Kloß formen und mit Salz und Pfeffer abschmecken.

3 Kloß mit leicht mit Mehl bestäubten Händen zu zwölf Bällchen formen und flach zu Kuchen drücken. Etwas Öl in einer Bratpfanne erhitzen. Kuchen in das Öl geben und auf jeder Seite etwa drei Minuten goldbraun braten. Zum Abtropfen auf Küchenpapier legen. Warm servieren.

Vorbereitung: 10 Minuten Kochzeit: 10 Minuten Insgesamt: 20 Minuten Personen: 4

Bratling aus roten Bohnen und Pfefferschoten mit Zitronenmajonäse

75 g grüne Bohnen, grob gehackt
2 Esslöffel Erdnuss- oder Pflanzenöl
1 Rote Pfefferschote, entkernt und in Ringe geschnitten
4 Knoblauchzehen, zerdrückt
2 Teelöffel mildes Chilipulver
425 g rote Kidneybohnen aus der Dose, abgespült und abgetropft
75 g Brotkrumen von frischem Weißbrot
1 Eigelb
Öl zum Backen
Salz und Pfeffer

Zitronenmajonäse
4 Esslöffel Majonäse
Fein geriebene Schale von einer Zitrone
1 Teelöffel Zitronensaft

Dieser knusprige Bohnenbratling wird zwischen warmes Pitabrot gelegt und mit Salat als sehr nahrhafte Hauptspeise für zum Mittag oder Abend serviert. Ungebackene Bratlinge können in Pergamentpapier eingeschlagen ungefähr einen Tag im Kühlschrank aufbewahrt werden.

1 Grüne Bohnen in kochendem Wasser 1 – 2 Minuten blanchieren, bis sie gar sind. Anschließend abschütten.

2 In der Zwischenzeit Erdnuss- oder Pflanzenöl in einer Bratpfanne erhitzen. Pfefferschote, Knoblauch und Chilipulver in das Öl geben und zwei Minuten braten.

3 Zutaten in eine Küchenmaschine oder ein Mixgerät füllen und mit roten Kidneybohnen, Brotkrumen und Eigelb langsam in kleine Stücke häckseln. Grüne Bohnen hinzufügen. Mischung mit Salz und Pfeffer abschmecken und rühren.

4 Mischung in eine Schüssel geben und in acht Portionen teilen. Portionen mit leicht mit Mehl bepuderten Händen zu kleinen Kuchen formen.

5 Majonäse mit Zitronenschale und -saft verrühren und mit Salz und Pfeffer abschmecken.

6 Öl wird in einer großen Bratpfanne erhitzt. Die Kuchen werden etwa drei Minuten von jeder Seite knusprig und goldbraun gebacken. Die Kuchen werden mit der Zitronenmajonäse serviert.

Braune Bohnen mit einem Dressing aus Zitrone, Petersilie und Ei

4 Knoblauchzehen, zerdrückt
1 Teelöffel Kreuzkümmel
½ Bund Frühlingszwiebeln, in dünne Ringe geschnitten
Kleine Hand voll Petersilie, gehackt
1 Esslöffel Zitronensaft
2 Teelöffel Harissapaste
4 Esslöffel Olivenöl
425 g braune Bohnen aus der Dose, abgespült und abgetropft
1 kleine Gewürzgurke, grob gehackt
2 hart gekochte Eier, grob gehackt
Salz und Pfeffer
Körnerbrot zum Servieren

Dieser Gericht ist eine wunderbare Vorspeise oder Beilage. (Braune Bohnen sind am wahrscheinlichsten in Reformhäusern und Spezialitätengeschäften erhältlich.) Die Bohnen aus der Dose sind lang und ziemlich schlaff. Braune Bohne können durch rote Kidneybohnen oder Mondbohnen ersetzt werden.

1 Knoblauch, Kreuzkümmel, Frühlingszwiebeln, Petersilie, Zitronensaft, Harissa und Öl in einer großen Schüssel mischen.

2 Bohnen, Gewürzgurke und Eier ebenfalls mischen und mit Salz und Pfeffer abschmecken. Anschließend diese Zutaten in die Schüssel mit dem Dressing geben. Mit Körnerbrot servieren.

Bohnen- und Bierkasserolle mit kleinen Knödeln

4 Esslöffel Erdnuss- oder Pflanzenöl
1 Zwiebel, in Ringe geschnitten
1 Stangensellerie, in dünne Scheiben geschnitten
1 Pastinake, in Scheiben geschnitten
425 g gemischte Bohnen aus der Dose, abgespült und abgetropft
425 g gebackene Bohnen, aus der Dose
250 ml Guinnes oder Starkbier
250 ml Gemüsebrühe (siehe Seite 9)
4 Esslöffel Kräuter, wie Rosmarin, Majoran, Thymian, grob gehackt
150 g Mehl mit Backpulver
75 g Pflanzenfett
2 Esslöffel Körnersenf
Salz und Pfeffer

1 Erhitzen Sie das Öl in einem großen Topf oder in einer feuerfesten Kasserolle, geben Sie Zwiebel, Sellerie und Pastinake dazu und dünsten Sie alles drei Minuten. Gießen Sie die Gemüsebrühe dazu und fügen Sie die gemischten und gebackenen Bohnen, das Bier und drei Esslöffel gehackte Kräuter hinzu. Lassen Sie alles aufkochen und im offenen Topf 8 – 10 Minuten brodeln, bis es sich etwas verdickt hat.

2 Vermischen Sie in der Zwischenzeit das Mehl mit Pflanzenfett, Senf, den restlichen Kräutern und etwas Salz und Pfeffer in einer mit 8 – 9 Esslöffel Wasser gefüllten Schüssel. Kneten Sie einen weichen Kloß.

3 Formen Sie daraus acht Knödel, legen Sie sie in die Kasserolle und bedecken Sie die Kasserolle. Lassen Sie die Knödel zehn Minuten kochen, bis sie leicht und locker sind. Servieren Sie die Kasserolle.

Reis

Reis ist die Hauptzutat in den Küchen vieler Länder der Welt, so dass sich für den vegetarischen Koch eine großartige Auswahl an interessanten Gerichten bietet. Obwohl einige Varianten viel Zeit zum Kochen verlangen, gibt es noch eine Fülle einfacher Gerichte, darunter süßsaure fernöstliche Gerichte, scharfe orientalische Pilaws und leckere italienische Risottos.

Maronen-Risotto-Bratling

15 g getrocknete Steinpilze
1 Esslöffel Olivenöl
175 g Risottoreis
600 ml heiße Gemüsebrühe (siehe Seite 9)
50 g Butter
1 Zwiebel, gehackt
3 Knoblauchzehen, zerdrückt
200 g Esskastanien (Maronen), gekocht, geschält und gehackt
75 g Parmesan, gerieben
1 Ei, leicht geschlagen
50 g Polenta
Öl zum Backen
Salz und Pfeffer
Blattsalat mit Dressing, als Beilage

Diese wohlschmeckenden, kleinen Bratlinge sind außen knusprig und innen feucht. Wenn Sie nicht die gesamte Menge benötigen, frieren Sie die geformte aber ungekochte Mischung für später ein.

1 Geben Sie die getrockneten Pilze in eine Schüssel und gießen Sie sie mit kochendem Wasser auf. Lassen Sie die Pilze ziehen, während Sie den Reis zubereiten.

2 Erhitzen Sie das Olivenöl in einem Topf. Geben Sie den Reis in das Öl und kochen Sie ihn unter Umrühren eine Minute. Löschen Sie das Öl mit der heißen Gemüsebrühe ab und lassen Sie diese aufkochen. Bedecken Sie den Topf teilweise und lassen Sie den Reis etwa 12 – 15 Minuten, unter Umrühren bei geringer Hitze, kochen, bis der Reis gar ist und die Gemüsebrühe aufgesogen hat.

3 Zerlassen Sie in der Zwischenzeit die Butter. Geben Sie Zwiebel und Knoblauch dazu und lassen Sie alles bei kleiner Hitze zwei Minuten dünsten. Gießen Sie das Wasser ab und schneiden Sie die Pilze klein. Gemeinsam mit der Zwiebelmischung, den Esskastanien, dem Parmesan und dem Ei dem Reis hinzufügen. Verrühren Sie die Mischung gut und schmecken Sie sie mit Salz und Pfeffer ab.

4 Teilen Sie die Mischung in zwölf Portionen ein. Formen Sie jede Portion zu einem Kuchen und wickeln Sie ihn in die Polenta. Erhitzen Sie das Öl und rösten Sie die Bratlinge von jeder Seite zwei Minuten goldbraun. Servieren Sie den angemachten Blattsalat als Beilage.

Risotto mit Saubohnen, Zitrone und Parmesan

25 g Butter
2 Esslöffel Olivenöl
1 Zwiebel, gehackt
2 Knoblauchzehen, zerdrückt
400 g Risottoreis
150 ml trockener Weißwein
1 Liter heiße Gemüsebrühe (siehe Seite 9)
150 g frische oder tiefgefrorene Saubohnen
50 g geriebener Parmesan, plus extra Portion zum Servieren
Fein geriebene Schale und Saft von einer Zitrone
Salz und Pfeffer

1 Zerlassen Sie die Butter mit Öl in einem großen, gusseisernen Topf. Geben Sie Zwiebel und Knoblauch in die Butter und dünsten Sie sie drei Minuten bei kleiner Hitze. Fügen Sie den Reis hinzu und braten Sie ihn etwa eine Minute. Umrühren nicht vergessen.

2 Löschen Sie den Reis mit Wein ab und lassen Sie ihn unter Umrühren kochen, bis er den Wein aufgesogen hat. Fügen Sie etwas Gemüsebrühe hinzu. Solange unter häufigen Umrühren kochen bis die Brühe fast vom Reis aufgesogen ist. Rühren Sie die Bohnen unter.

3 Geben Sie die restliche Gemüsebrühe in kleinen Mengen dazu, bis die Mischung dick und cremig ist, aber noch etwas Biss besitzt. Dazu brauchen Sie 15 – 18 Minuten. Rühren Sie den Parmesan unter und schmecken Sie das Gericht mit Pfeffer und Salz ab. Geben Sie es auf die Teller und servieren Sie es mit einer Extraportion Parmesan.

Vorbereitung: 5 Minuten Kochzeit: 25 Minuten Insgesamt: 30 Minuten Personen: 4

Pilaw mit rotem Reis und Pfefferschoten

275 g roter Reis

600 ml heiße Gemüsebrühe (siehe Seite 9)

3 Esslöffel Olivenöl

1 große rote Zwiebel, gehackt

2 Esslöffel Paprika

3 Knoblauchzehen, zerdrückt

1 Teelöffel Safranfäden

2 rote Pfefferschoten, entkernt und in Ringe geschnitten

Fein geriebene Schale einer Zitrone

2 Teelöffel Zitronensaft

4 Tomaten, grob gehackt

Kleine Handvoll gehackte Blattpetersilie, plus Extraportion zum Garnieren

50 g schwarze Oliven ohne Stein

Salz und Pfeffer

1 Geben Sie Reis und heiße Gemüsebrühe in einen großen Topf mit 600 ml kochendem Wasser, lassen Sie alles aufkochen. Bedecken Sie den Topf und lassen Sie den Reis unter Umrühren 25 Minuten garen.

2 Erhitzen Sie in der Zwischenzeit das Öl in einer Bratpfanne. Geben Sie Zwiebeln in das Öl und lassen Sie diese drei Minuten bei kleiner Hitze braten. Fügen Sie Paprika, Knoblauch, Safran und Pfefferschoten hinzu und lassen Sie alles fünf Minuten bei kleiner Hitze dünsten.

3 Rühren Sie Zitronenschale und -saft, Tomaten und Petersilie unter und lassen Sie sie fünf Minuten bei kleiner Hitze im offenen Topf braten.

4 Gießen Sie das Wasser ab und geben Sie den Reis mit den Oliven in den Topf, schmecken Sie alles mit Salz und Pfeffer ab. Mischen Sie die Zutaten gründlich und servieren Sie den Pilaw mit Petersilie bestreut.

Vorbereitung: 10 Minuten Kochzeit: 15 Minuten Insgesamt: 25 Minuten Personen: 4

Japanischer Reis mit Nori

225 g japanischer Sushi- oder klebriger Reis
2 Esslöffel Sesamkörner
1 Teelöffel grobkörniges Salz
1 Esslöffel Erdnuss- oder Pflanzenöl
2 Eier, geschlagen
4 Frühlingszwiebeln, in dünne Ringe geschnitten
1 rote Chili, entkernt und in dünne Ringe geschnitten
4 Esslöffel Reisessigpulver
2 Teelöffel Streuzucker
1 Esslöffel leichte Sojasoße
25 g eingelegter japanischer Ingwer
2 Lagen geröstete Nori-Algen

1 Reis in einem gusseisernen Topf mit 400 ml Wasser geben und aufkochen lassen. Reis im offenen Topf etwa fünf Minuten kochen lassen, bis er das Wasser aufgesogen hat. Topf bedecken und den Reis weitere fünf Minuten garen.

2 In der Zwischenzeit Sesamkörner mit Salz etwa zwei Minuten in einer kleinen Pfanne rösten. Anschließend aus der Pfanne entfernen und zur Seite stellen.

3 Öl in der Pfanne erhitzen. Geschlagene Eier in das Öl geben und bei kleiner Hitze zu einem Omelett braten. Omelett auf einen Teller geben, zusammenrollen und in Streifen schneiden.

4 Gekochten Reis in eine Schüssel geben und mit Frühlingszwiebeln, Chili, Reisessigpulver, Zucker, Sojasoße, Ingwer und der Hälfte der gerösteten Sesamkörner verrühren. Eine Lage Nori-Algen über dem Reis zerbröseln und zusammen mit den Omelettstreifen verrühren.

5 Reis auf eine große Platte geben und mit Stücken der anderen Nori-Alge sowie den restlichen gerösteten Sesamkörnern servieren.

Vorbereitung: 7 Minuten Kochzeit: 23 Minuten Insgesamt: 30 Minuten Personen: 4

Scharfer Pilaw mit eingelegten Walnüssen

3 Esslöffel Olivenöl
1 große Zwiebel, gehackt
4 Knoblauchzehen, geschnitten
¼ Teelöffel Piment, gemahlen
50 g Pinienkerne
2 Teelöffel Ingwer, gemahlen
250 g Langkornreis
1 Teelöffel Safranfäden
300 ml Gemüsebrühe (siehe Seite 9)
50 g eingelegte Walnüsse, grob gehackt
50 g getrocknete Aprikosen, geschnitten
4 Esslöffel Koriander, grob gehackt
Salz und Pfeffer
Griechischer Joghurt zum Servieren

1 Das Öl wird in einer großen, gusseisernen Bratpfanne erhitzt. Zwiebeln, Knoblauch, Piment, Pinienkerne und Ingwer in das Öl geben und bei geringer Hitze fünf Minuten dünsten.

2 Reis hinzufügen und unter Umrühren eine Minuten braten. Gemüsebrühe dazu geben, mit Safran verrühren und zum Kochen bringen. Pfanne teilweise bedecken und Reis 10–15 Minuten bei geringer Hitze garen. Wenn die Mischung austrocknen sollte, wird etwas Gemüsebrühe hinzugefügt.

3 Eingelegte Walnüsse, Aprikosen und Koriander in die Pfanne geben. Den Pilaw mit Salz und Pfeffer abschmecken, zwei Minuten aufwärmen. Mit dem griechischen Joghurt servieren.

Vorbereitung: 5 Minuten Kochzeit: 25 Minuten Insgesamt: 30 Minuten Personen: 4

Salbei-Walnuss-Risotto mit Käse überbacken

50 g Butter
1 Zwiebel, gehackt
375 g Risottoreis
1,3 l heiße Gemüsebrühe (siehe Seite 9)
2 Esslöffel Salbei, gehackt
50 g Walnüsse, gehackt
250 g Brie, in dünne Scheiben geschnitten
Salz und Pfeffer
Blattsalat zum Servieren

1 Zerlassen Sie die Butter in einem großen, gusseisernen Topf. Dünsten Sie die Zwiebel zwei Minuten darin. Geben Sie den Reis dazu und braten Sie ihn unter Umrühren eine Minute.

2 Gießen Sie zwei Kellen Gemüsebrühe über den Reis und lassen Sie diese unter Umrühren kochen, bis sie fast vom Reis aufgesogen ist. Fügen Sie etwas mehr Brühe hinzu, die Sie unter den Reis rühren, bis der Reis sie fast aufgenommen hat. Fahren Sie fort, bis die ganze Brühe aufgebraucht und der Reis cremig, aber noch bissfest ist. Sie benötigen fünfzehn bis achtzehn Minuten für die Zubereitung des Reises.

3 Heben Sie Salbei und Walnuss unter und schmecken Sie den Reis mit Salz und Pfeffer ab. Füllen Sie ihn in eine flache, feuerfeste Schüssel und legen Sie die Scheiben Brie darüber. Backen Sie den Reis im vorgewärmten Ofen etwa drei Minuten, bis der Käse geschmolzen ist. Reichen Sie einen Blattsalat dazu.

Vorbereitung: 5 Minuten **Kochzeit:** 15 Minuten **Insgesamt:** 20 Minuten **Personen:** 4

Kedgeree mit Artischocken und Rosmarinbutter

250 g Basmatireis
50 g Butter, zerlassen
1 Esslöffel Rosmarin, gehackt
1 Esslöffel Schnittlauch, gehackt
1 Esslöffel Limonensaft
2 Esslöffel Olivenöl
1 Zwiebel, gehackt
1 Teelöffel Koriandersamen, zerstoßen
1 Teelöffel Fenchelsamen, zerstoßen
425 g Artischockenherzen aus der Dose, abgespült, abgetropft und halbiert
6 Eier, hart gekocht und geviertelt
Salz und Pfeffer
Limonenecken zum Garnieren

1 Lassen Sie den Reis etwa zehn Minuten in reichlich leicht gesalzenem Wasser quellen.

2 Mischen Sie in der Zwischenzeit die zerlassene Butter mit gehackten Kräutern und Limonensaft und schmecken Sie alles mit Salz und Pfeffer ab.

3 Erhitzen Sie das Öl in einer Bratpfanne. Braten Sie darin Zwiebel und Gewürze fünf Minuten bei geringer Hitze. Schütten Sie den Reis ab und geben Sie ihn mit den Artischockenherzen in die Pfanne. Runden Sie die Mischung mit Salz und Pfeffer ab und erhitzen Sie alles eine Minute. Rühren Sie vorsichtig die Eier unter.

4 Füllen Sie den Reis auf die Teller und träufeln Sie die Kräuterbutter darüber. Garnieren Sie ihn mit den Limonenecken.

Vorbereitung: 15 Minuten Kochzeit: 12 Minuten Insgesamt: 27 Minuten Personen: 4

Kokosreis mit Erdnusssoße

300 g Jasmin- oder Thai-Duftreis
75 g Kokoscreme
½ Teelöffel Chiliflocken, getrocknet
1 Teelöffel Streuzucker
Kleine Hand voll Koriander, gehackt
4 Stücke Bananenblätter
von 28 cm Länge, gewaschen
1 Limone
1 Papaya, geschält,
entkernt und in Scheiben geschnitten
4 Frühlingszwiebeln, längs gehäckselt
75 g Cashewkerne, geröstet und gesalzen
Salz und Pfeffer

Soße
½ kleine Zwiebel, fein gehackt
1 Stängel Zitronengras, fein geschnitten
4 Esslöffel Erdnussbutter
1 Esslöffel brauner Muscovado-Zucker
25 g Kokoscreme
2 Esslöffel Sojasoße

Wird ein Reisgericht in Bananenblättern gebacken, behält es nicht nur sein volles Aroma und seine Feuchtigkeit, sondern bekommt auch eine exotische Note, mit der Sie Gäste besonders überraschen können. Der Reis kann zum Backen aber auch in nicht haftendes Backpapier oder Folie gewickelt werden.

1 Reis mit der Kokoscreme in einem Topf mit 350 ml Wasser geben. Zum Kochen bringen und unter Umrühren fünf Minuten bei geringer Hitze kochen lassen, bis das Wasser fast absorbiert und die Mischung cremig ist. Vom Herd nehmen und Chiliflocken, Zucker und Koriander unterrühren. Mit Salz und Pfeffer abschmecken.

2 Reismischung auf die Mitte der Bananenblätter häufen. Die Seiten überschlagen, um den Reis zu bedecken und Enden unterschlagen, um Pakete zu formen. Auf Backpapier legen und im vorgeheizten Ofen bei 220 °C oder Gasstufe 7 etwa fünf Minuten backen, bis sich die Blätter braun färben.

3 In der Zwischenzeit die Zutaten für die Soße in einen kleinen Topf unter Umrühren vorsichtig erwärmen, bis sie eindicken.

4 Mit einem Gemüsemesser feine Streifen von der Limonenschale abziehen. Die restliche weiße Haut entfernen, zwischen die Membranen schneiden und die Limone in Stücke zerlegen.

5 Die Bananenblätter öffnen und den Reis mit Papaya, Frühlingszwiebeln, Cashewkernen, Limonenstücken und -schale anrichten. Mit der Soße servieren.

Vorbereitung: 5 Minuten Kochzeit: 20 Minuten Insgesamt: 25 Minuten Personen: 4

Scharfes Gemüse-Biryani

375 g Basmatireis
3 Esslöffel Erdnuss- oder Pflanzenöl
1 große Zwiebel, gehackt
5 cm langes Stück frischer Ingwer, geschält und geraspelt
2 Knoblauchzehen, gehackt
2 Teelöffel Kreuzkümmel
1 Teelöffel Kurkuma, gemahlen
½ Teelöffel Chiliflocken, getrocknet
750 ml Gemüsebrühe (siehe Seite 9)
200 g grüne Bohnen
250 g Blumenkohlröschen
1 Esslöffel Garam masala
Salz und Pfeffer

1 Den Reis in reichlich kochendem Wasser ungefähr zehn Minuten quellen lassen.

2 In der Zwischenzeit Öl in einem großen Topf erhitzen. Zwiebel, Ingwer, Knoblauch, Kreuzkümmel, Kurkuma und Chiliflocken bei geringer Hitze sechs Minuten darin dünsten.

3 Die Gemüsebrühe angießen und aufkochen lassen. Bohnen und Blumenkohl hinzufügen und unter Umrühren im offenen Topf bei geringer Hitze zehn Minuten garen.

4 Den Reis abschütten und mit Garam masala in den Topf geben. Mit Salz und Pfeffer abschmecken und vor dem Servieren zwei Minuten aufwärmen.

Vorbereitung: 5 Minuten Kochzeit: 25 Minuten Insgesamt: 30 Minuten Personen: 4

Rote Bete-Risotto mit Meerrettich und gemischtem Blattsalat

4 Esslöffel Olivenöl
1 große rote Zwiebel, gehackt
3 Knoblauchzehen zerdrückt
400 g Risottoreis
1,3 l heiße Gemüsebrühe (siehe Seite 9)
425 g gekochte Rote Beete,
in kleine Würfel geschnitten
4 Esslöffel Dill, grob gehackt
1 – 2 Esslöffel frisch geriebener Meerrettich
oder
1 Esslöffel Meerrettich aus dem Glas
50 g gesalzene Macadamianüsse oder Mandeln
Salz und Pfeffer
Gemischter Blattsalat zum Servieren

Ein beeindruckendes Hauptgericht für vier Personen. Sie können es aber auch als Vorspeise für sechs bis acht Personen anbieten. Ziehen Sie nach Möglichkeit frischen Meerrettich der im Glas angebotenen Variante vor. Der Geschmack ist viel intensiver. Vorsicht ist bei der Schärfe geboten. Sie reicht je nach Frische von mild bis stark beißend.

1 Erhitzen Sie das Öl in einem großen, gusseisernen Topf. Dünsten Sie darin Zwiebel und Knoblauch bei geringer Hitze drei Minuten. Fügen Sie den Reis hinzu und braten Sie ihn unter Umrühren eine Minute.

2 Gießen Sie zwei Kellen Gemüsebrühe an und lassen Sie diese unter Umrühren kochen, bis sie fast aufgenommen ist. Brauchen Sie die ganze Gemüsebrühe auf diese Weise auf, bis der Reis cremig aber bissfest ist. Sie benötigen etwa zwanzig Minuten zum Zubereiten des Reises.

3 Heben Sie Rote Bete, Dill, Meerrettich und Nüsse unter. Schmecken Sie den Reis mit Salz und Pfeffer ab und wärmen Sie ihn eine Minute auf. Richten Sie den Reis mit den gemischten Salatblättern auf den Tellern an.

Vorbereitung: 5 Minuten Kochzeit: 25 Minuten Insgesamt: 30 Minuten Personen: 4

Zitronenreis mit Feta und gegrillten Paprikaschoten

3 Esslöffel Olivenöl
1 Zwiebel, gehackt
3 Knoblauchzehen, zerdrückt
1 kleine Zitrone, in Scheiben geschnitten
325 g Langkornreis
600 ml Gemüsebrühe (siehe Seite 9)
1 Esslöffel Rosmarin, gehackt
1 große Zucchini
2 rote Paprikaschoten,
entkernt und in 8 Stücke geschnitten
1 gelbe Paprikaschote,
entkernt und in 8 Stücke geschnitten
200 g Feta, in Würfel geschnitten
Salz und Pfeffer

1 Erhitzen Sie zwei Esslöffel Öl in einem gusseisernen Topf. Dünsten Sie die Zwiebel bei großer Hitze drei Minuten darin. Fügen Sie Knoblauch und Zitronenscheiben hinzu und braten Sie alles zwei Minuten. Gießen Sie die Gemüsebrühe an und rühren Sie den Reis mit dem Rosmarin unter. Lassen Sie den Reis aufkochen. Nehmen Sie etwas Hitze weg und bedecken Sie den Topf teilweise. Lassen Sie den Reis fünfzehn Minuten kochen, bis der Reis gar ist und die Gemüsebrühe aufgenommen hat. Sollte der Reis zu trocken werden, gießen Sie noch etwas Gemüsebrühe oder Wasser an.

2 Schneiden Sie die Zucchini diagonal in lange, dünne Scheiben. Erhitzen Sie das restliche Öl in einer großen, gusseisernen Pfanne. Braten Sie darin Zucchini und Paprika fünf Minuten bei großer Hitze von jeder Seite goldgelb. Drücken Sie die Paprika mit einem Fischmesser gegen den Pfannenboden, während sie weich werden.

3 Verrühren Sie den Reis vorsichtig mit dem Gemüse, heben Sie den Feta unter und schmecken Sie ihn mit Salz und Pfeffer ab. Erhitzen Sie ihn vor dem Servieren eine Minute.

Pizza
& Brot

Mit einem schnell gekneteten Brotteig lassen sich üppig belegte Pizzas unglaublich rasch zubereiten. Die Verführung ist jederzeit garantiert. Fertiger Hefe- und einfacher Brotteig sind auch die Grundlage für weitere, einfache Gerichte, die mit einer Vielzahl an vegetarischen Füllungen oder Belägen phantasievoll gestaltet werden können.

Vorbereitung: 12 Minuten **Kochzeit:** 15 Minuten **Insgesamt:** 27 Minuten **Personen:** 4

Pizza mit Spinat, Zwiebel und Frischkäse

250 g Mehl mit Backpulver
3 Esslöffel Olivenöl
1 Teelöffel Salz

Belag
100 g Frischkäse mit vollem Fettgehalt
100 g Crème fraîche
2 Teelöffel Rosmarin, gehackt
3 Esslöffel Olivenöl
1 große Zwiebel, in dünne Ringe geschnitten
375 g junger Spinat
Salz und Pfeffer
250 g Mehl mit Backpulver
3 Esslöffel Olivenöl
1 Teelöffel Salz

1 Fetten Sie ein großes Backblech ein. Geben Sie Mehl mit dem Öl und Salz in eine Schüssel. Gießen Sie 100 ml Wasser hinzu und kneten Sie einen weichen Kloß. Fügen Sie mehr Wasser hinzu, wenn der Teig zu trocken sein sollte. Rollen Sie ihn auf einer bemehlten Arbeitsfläche zu einem Kreis von 28 cm Durchmesser aus. Legen Sie ihn auf das Backblech und backen Sie ihn fünf Minuten im vorgeheizten Ofen bei 230 °C, Gasstufe 8, bis sich eine Kruste gebildet hat.

2 Verrühren Sie für den Belag Frischkäse, Crème fraîche und Rosmarin. Schmecken Sie es mit etwas Salz und Pfeffer ab.

3 Erhitzen Sie Öl in einer Bratpfanne und braten Sie darin die Zwiebel drei bis vier Minuten weich. Fügen Sie dem Spinat etwas Salz und Pfeffer hinzu und dünsten Sie ihn unter Umrühren eine Minute.

4 Verteilen Sie den Spinat auf dem Pizzateig. Lassen Sie dabei 1 cm Abstand zum Rand. Tragen Sie mit einem Löffel die Käsemischung auf den Spinat auf. Backen Sie die Pizza acht Minuten goldgelb.

Milchbrötchen mit Spinat, Ei und Senf-Hollandaise

200 g junger Spinat
Reichlich Muskatnuss, frisch gerieben
1 Esslöffel Zitronensaft
2 Eigelb
1 Esslöffel Körnersenf
75 g leicht gesalzene Butter, in Würfel geschnitten
4 Milchbrötchen, geteilt
1 Esslöffel Essig
4 Eier

1 Geben Sie Spinat und Muskatnuss mit einem Esslöffel Wasser in einen Topf. Stellen Sie den Topf zur Seite, während Sie die Soße zubereiten.

2 Stellen Sie eine feuerfeste Schüssel mit Zitronensaft, Eigelb und Senf auf einen Topf mit leicht kochendem Wasser. Ziehen Sie die Mischung mit einem Stück der Butter ab und rühren Sie darin, bis die Butter zerlaufen ist. Geben Sie die übrigen Stücke Butter schrittweise in die Soße, bis sie dick und cremig ist. Dafür benötigen Sie etwa fünf Minuten. Wenn die Soße zu dick wird, fügen Sie einen Esslöffel heißes Wasser hinzu. Lassen Sie die Soße bis zum Gebrauch auf dem Topf stehen.

3 Rösten Sie die Brötchen und halten Sie diese warm. Schütten Sie den Essig in einen Topf mit reichlich kochendem Wasser und pochieren Sie die Eier. Legen Sie einen Deckel auf den Topf mit dem Spinat und dünsten Sie ihn eine Minute.

4 Legen Sie die Brötchen auf einen Teller, die Sie mit dem Spinat, den pochierten Eiern und der Soße anrichten. Servieren Sie die Brötchen sofort.

Bruschetta mit Ziegenkäse, Zwiebeln und Pinienkernen

5 Esslöffel Olivenöl
1 kleine rote Zwiebel, gehackt
3 Esslöffel Pinienkerne
4 Scheiben Ciabattabrot
1 Knoblauchzehe, zerdrückt
2 Esslöffel Blattpetersilie, gehackt
150 g fester Ziegenkäse, in dünne Scheiben geschnitten

1 Zwei Esslöffel Öl in einer Bratpfanne erhitzen. Zwiebel und Pinienkerne drei Minuten darin rösten, bis sie weich sind.

2 Das Brot von einer Seite im leicht vorgeheizten Ofen goldbraun rösten. Knoblauch, Petersilie und restliches Öl in einer Schüssel mischen. Das Brot umdrehen und mit der Knoblauchmischung bestreichen. Im Ofen goldgelb backen.

3 Ziegenkäse und Zwiebelmischung auf den Toast legen, Hitze erhöhen und weitere zwei Minuten backen. Warm servieren.

Vorbereitung: 10 Minuten   Kochzeit: 20 Minuten   Insgesamt: 30 Minuten   Personen: 4

Pizza mit Tomaten, Artischocken und Mozzarella

250 g Mehl mit Backpulver
3 Esslöffel Öl
1 Teelöffel Salz
2 Esslöffel Paste aus getrockneten Tomaten

Belag
1 Esslöffel Paste aus getrockneten Tomaten
2 große, milde rote oder grüne Chilischoten, entkernt und halbiert
3 Esslöffel gemischte Kräuter, wie Petersilie, Oregano, Rosmarin, Schnittlauch, gehackt
50 g in Öl eingelegte, getrocknete Tomaten, abgetropft und in Scheiben geschnitten
150 g kleine, eingelegte Artischocken, abgetropft
2 Eiertomaten, geviertelt
150 g Mozzarella, in Scheiben geschnitten
50 g schwarze Oliven
Salz und Pfeffer

Selbst gemachte Pizzas sehen appetitlicher aus und schmecken besser, als die meisten gekauften. Sie sind außerdem wesentlich preiswerter. Sollten Sie die großen, milden Chilis nicht bekommen, belegen Sie die Pizza mit dünnen Ringen aus roten Paprikaschoten oder einer scharfen Chili.

1 Großes Backblech einfetten. Mehl mit Öl, Salz und Tomatenpaste in eine Schüssel geben. 100 ml Wasser angießen und zu einem weichen Kloß kneten. Bei Bedarf etwas mehr Wasser hinzufügen.

2 Den Teig auf einer bemehlten Arbeitsfläche zu einem Kreis von 28 cm Durchmesser ausrollen. Auf das Backblech legen und im vorgeheizten Ofen fünf Minuten bei 230 °C, Gasstufe 8, backen.

3 Tomatenpaste mit 1 cm Abstand zum Rand auf den Pizzateig streichen. Chilis noch einmal längs halbieren und mit der Hälfte der Kräuter, den getrockneten Tomaten, Artischocken, Tomaten, Käse und Oliven auf der Pizza verteilen. Restliche Kräuter darüber streuen und mit Salz und Pfeffer abschmecken. Pizza in den Ofen schieben und zehn bis fünfzehn Minuten backen, bis der Käse zerlaufen und das Gemüse goldgelb ist.

Vorbereitung: 5 Minuten Kochzeit: 5 Minuten Insgesamt: 10 Minuten Personen: 2

Tortillas mit gebackener Bohnen- und Korianderfüllung

250 g gebackene Bohnen aus der Dose
2 Esslöffel Chilisoße
2 rote Paprikaschoten, entkernt und fein gehackt
4 Frühlingszwiebeln, in dünne Ringe geschnitten
1 Teelöffel Kreuzkümmel
Fein geriebene Schale und Saft von 1 Limone
1 Teelöffel Streuzucker
15 g Koriander, gehackt
4 Tortillas
Salz und Pfeffer

1 Die Bohnen mit der Chilisoße in einen kleinen Topf drei Minuten erhitzen.

2 Paprikaschoten, Frühlingszwiebeln, Kreuzkümmel, Limonenschale und -saft, Zucker und Koriander in einer Schüssel mischen. Mit Salz und Pfeffer abschmecken.

3 Tortillas leicht anrösten und mit den gebackenen Bohnen bestreuen. Die Koriandermischung dazugeben und die Tortillas einrollen.

Vorbereitung: 10 Minuten Kochzeit: 8 Minuten Insgesamt: 18 Minuten Personen: 4

Cheddarburger mit Gurkensoße

200 g Mondbohnen aus der Dose, abgespült und abgetropft
1 Zwiebel, fein gehackt
1 Karotte, geraspelt
100 g reifer Cheddar, gerieben
100 g Brotkrumen
1 Ei
1 Teelöffel Kreuzkümmel
Öl zum Backen
4 runde Brötchen
Salz und Pfeffer
Salat als Beilage

Soße
½ kleine Gurke
2 Esslöffel Koriander, gehackt
2 Frühlingszwiebeln, fein gehackt
1 Esslöffel Zitronen- oder Limonensaft
1 Teelöffel Sandzucker

1 Zerdrücken Sie die Mondbohnen mit der Gabel in einer Schüssel. Fügen Sie Zwiebel, Karotte, Käse, Brotkrumen, Ei, Kreuzkümmel sowie Salz und Pfeffer hinzu und verrühren Sie alles gut.

2 Formen Sie mit leicht bemehlten Händen die Mischung zu vier kleinen, flachen Kuchen. Erhitzen Sie etwas Öl in einer großen Bratpfanne und backen Sie die Burger etwa acht Minuten, bis sie von jeder Seite goldbraun und knusprig sind.

3 Halbieren Sie in der Zwischenzeit die Gurke und schaben Sie die Kerne aus. Hacken Sie die Gurke fein und mischen Sie diese mit Koriander, Frühlingszwiebeln, Zitronen- oder Limonensaft, Zucker sowie etwas Salz und Pfeffer in einer Schüssel.

4 Teilen Sie die Brötchen. Belegen Sie diese mit den Burgern und gießen Sie die Soße darüber. Reichen Sie Salat dazu.

Vorbereitung: 10 Minuten Kochzeit: 5 Minuten Insgesamt: 15 Minuten Personen: 4

Gebackener Ziegenkäse mit rotem Pesto

4 dicke Scheiben Nuss- oder Vollkornbrot
250 g Ziegenkäse
Blattsalat als Beilage

Rotes Pesto
125 g in Öl eingelegte,
getrocknete Tomaten, abgetropft
1 Esslöffel Pinienkerne
10 schwarze Oliven ohne Stein
2 Knoblauchzehen, grob gehackt
5 Esslöffel Olivenöl
25 g Parmesan, gerieben
Salz und Pfeffer

Pesto aus getrockneten Tomaten (Rotes Pesto oder Pesto rosso) hat den gleichen prickelnden Geschmack wie Pesto mit Basilikum (siehe Seite 9) und lässt sich genauso vielseitig einsetzen. Streichen Sie es auf Pizzas, rühren Sie es unter Pasta, oder verfeinern Sie Gemüsesuppen und Eintöpfe damit.

1 Hacken Sie die getrockneten Tomaten mit Pinienkernen, Oliven und Knoblauch in einer Küchenmaschine oder einem Mixer ganz klein.

2 Gießen Sie das Öl dazu, während die Maschine läuft. Geben Sie das Pesto anschließend in eine Schüssel, rühren Sie den Parmesan unter und schmecken Sie es mit Salz und Pfeffer ab.

3 Rösten Sie das Brot von einer Seite bei mittlerer Hitze im vorgeheizten Ofen. Drehen Sie die Scheiben um und bedecken Sie sie mit Ziegenkäse. Erhöhen Sie die Temperatur und backen Sie das Brot, bis der Käse zerlaufen und goldgelb ist. Legen Sie die Scheiben auf Teller und bestreichen Sie diese mit Pesto. Reichen Sie Salat dazu.

Vorbereitung: 10 Minuten Kochzeit: 10 Minuten Insgesamt: 20 Minuten Personen: 2

Tortillas mit Joghurt aus Minze, Chili und Auberginen

4 Esslöffel Olivenöl
1 mittelgroße Aubergine,
in dünne Scheiben geschnitten
Kleine Hand voll Minze, gehackt
Kleine Hand voll Petersilie, gehackt
2 Esslöffel Schnittlauch, gehackt
1 grüne Chili, entkernt
und in dünne Ringe geschnitten
200 ml griechischer Joghurt
2 Esslöffel Majonäse
2 große Tortillas
7 cm langes Stück Gurke,
in dünne Scheiben geschnitten
Salz und Pfeffer
Paprika zum Garnieren

1 Öl in einer Bratpfanne erhitzen. Die Aubergine etwa zehn Minuten darin goldgelb backen. Aus der Pfanne nehmen und abtropfen lassen. Anschließend zum Abkühlen zur Seite stellen.

2 Die Kräuter mit Chili, Joghurt und Majonäse in einer Schüssel mischen und mit Salz und Pfeffer abschmecken.

3 Die Aubergine auf die Tortillas legen und mit dem Joghurt bestreichen. Die Gurkenscheiben darüber legen. Die Tortillas einrollen, mit Paprika bestreuen und servieren.

Pfannkuchen & Pasteten

Pfannkuchen können aus Teig oder Gemüse zubereitet werden und klassisch oder phantasievoll sein. Mit abwechslungsreichen, verführerischen Belägen und Füllungen eignen sie sich als Hauptgericht und bedienen verschiedene Geschmäcker und Stimmungen. Bringen Sie mit leckeren Pasteten mehr Abwechslung in Ihre Küche. Sie können fertigen Teig, wie appetitanregenden, knusprigen Filoteig und leckeren, goldenen Blätterteig, im Supermarkt kaufen. Damit erzielen Sie in wenigen Minuten beachtliche Resultate.

Vorbereitung: 10 Minuten **Kochzeit:** 10 Minuten **Insgesamt:** 20 Minuten **Personen:** 4

Pesto-Mozzarella-Pastetchen

125 g Blätter Filoteig
50 g Butter, zerlassen
3 Esslöffel rotes Pesto (siehe Seite 65)
250 g Mozzarella,
abgetropft und in Scheiben geschnitten
50 g Parmesan, gerieben
Blattsalat als Beilage

Denken Sie beim Formen der Pastetchen daran, dass die einzelnen Blätter Filoteig sehr unterschiedlich in der Größe sind. Wenn der Käse in zwei sich überlappende Blätter Filoteig eingewickelt ist, läuft er beim Backen nicht aus.

1 Schneiden Sie den Filoteig in sechzehn Vierecke von 15 cm. Legen Sie acht Vierecke auf eine Arbeitsfläche und bestreichen Sie alles mit etwas zerlassener Butter. Legen Sie eine zweite Lage Teig auf jedes Viereck.

2 Verteilen Sie das Pesto vorsichtig auf dem Teig. Streichen Sie von der Mitte aus. Geben Sie Mozzarella und Parmesan darüber. Schmecken Sie die Mischung mit etwas Salz und Pfeffer ab.

3 Legen Sie zwei entgegengesetzte Seiten Teig über die Füllung, um sie einzuschließen. Bestreichen Sie ihn vorsichtig mit Butter und schlagen Sie die offenen Enden übereinander, um kleine Bündel zu formen. Legen Sie die Bündel mit den Enden nach oben auf ein Backblech.

4 Bestreichen Sie die Pastetchen mit der restlichen Butter (zerlassen Sie nach Bedarf etwas mehr), und backen Sie sie im vorgeheizten Ofen zehn Minuten bei 200 °C, Gasstufe 6, goldbraun. Servieren Sie die Pastetchen warm und reichen Sie einen Blattsalat dazu.

Karotten-Kartoffel-Rösti

750 g Kartoffeln
250 g Karotten
25 g Butter
2 Esslöffel Olivenöl
Salz und Pfeffer

Jedes Rezept, das gebratene Kartoffeln enthält, bietet die Garantie für ein wohlschmeckendes Gericht. Das Karotten-Kartoffel-Rösti dient eigentlich als Beilage. Richten Sie es jedoch mit Spinat und Eiern, gebackenem Gemüse oder Käsewürfeln und Tomaten an, verwandeln Sie es ganz einfach in ein Hauptgericht.

1 Schneiden Sie Kartoffeln und Karotten in grobe Stücke und lassen Sie alles in leicht gesalzenem, kochendem Wasser etwa acht Minuten garen. Sie sollen weich sein, aber nicht zerfallen. Schütten Sie das Wasser ab und lassen Sie die Karotten zwei Minuten stehen.

2 Reiben Sie Kartoffeln und Karotten grob mit der Hand oder in einer Küchenmaschine. Schmecken Sie alles in einer Schüssel mit Salz und Pfeffer ab.

3 Zerlassen Sie die Butter mit dem Öl in einer gusseisernen Bratpfanne. Geben Sie das Gemüse in die sehr heiße Butter und drücken Sie es gegen den Boden, damit die Unterseite gleichmäßig flach ist. Reduzieren Sie die Hitze leicht und braten Sie das Gemüse acht bis zehn Minuten, bis die Unterseite goldgelb ist, wenn es mit dem Palettenmesser angehoben wird.

4 Drücken Sie das Rösti beim Umdrehen gegen ein Backblech oder einen flachen Teller und geben Sie es anschließend in die Pfanne zurück. Lassen Sie es weitere drei bis vier Minuten braten. Servieren Sie es in vier Teilen.

Zucchini-Käse-Pfannkuchen

325 g Zucchini
175 g Mehl
3 Eier
75 g Butter, zerlassen
125 ml Milch
1 Esslöffel Thymian, gehackt
6 Esslöffel Olivenöl
300 g Aubergine, in kleine Stücke geschnitten
2 kleine rote Zwiebeln, in Ringe geschnitten
2 rote Paprikaschoten,
entkernt und in Ringe geschnitten
400 g Tomaten aus der Dose, gehackt
2 Esslöffel Balsamico
Öl zum Backen
300 g Emmentaler,
in dünne Scheiben geschnitten
Salz und Pfeffer

Diese kleinen, knusprigen Pfannkuchen, mit Käse überbacken und einem Belag, der einem Ratatouille ähnelt, ergeben eine appetitanregende Vorspeise. Backen Sie sie einfach etwas größer und reichen Sie einen Salat dazu – schon haben Sie ein perfektes Hauptgericht.

1 Die Zucchini raspeln. Mehl, Eier, Butter, Milch und Thymian in einer Schüssel zu einem weichen Teig verrühren. Gut mit den geraspelten Zucchini mischen und mit Salz und Pfeffer abschmecken.

2 Olivenöl in einer großen, gusseisernen Pfanne erhitzen. Aubergine und Zwiebel etwa fünf Minuten darin goldgelb braten. Paprikaschoten hinzufügen und weitere drei Minuten braten, bis das Gemüse leicht braun wird. Mit Tomaten, Essig sowie Salz und Pfeffer abrunden. Hitze reduzieren und zehn Minuten im offenen Topf kochen lassen.

3 In der Zwischenzeit etwas Öl in einer großen Bratpfanne erhitzen. Einen Esslöffel Teig in die Pfanne geben und in einem Umfang von etwa 10 cm verteilen. So viele Esslöffel in die Pfanne geben, wie sie aufnehmen kann und etwa zwei Minuten backen, bis die Unterseite goldgelb ist. Die Pfannkuchen drehen und von der anderen Seite backen. Auf Küchenpapier abtropfen lassen und auf einen Backrost legen. Restliche Pfannkuchen braten (insgesamt sollten es zwölf sein).

4 Käsescheiben auf die Pfannkuchen legen und im vorgeheizten Ofen backen, bis der Käse zerläuft. Auf jeden Teller zwei Pfannkuchen legen, so dass sie sich etwas überlappen. Mit der Paprikasoße anrichten und warm servieren.

Cocktailtomaten-Törtchen mit Crème fraîche-Pesto

2 Esslöffel extra natives Olivenöl
1 Zwiebel, fein gehackt
375 g Cocktailtomaten
2 Knoblauchzehen, zerdrückt
3 Esslöffel Paste aus getrockneten Tomaten
325 g Blätterteig
Geschlagenes Ei zum Glasieren
150 g Crème fraîche
2 Esslöffel Pesto (siehe Seite 9)
Salz und Pfeffer
Basilikumblätter zum Garnieren

1 Ein großes Backblech dünn einfetten und mit Wasser besprenkeln. Das Öl in einer Bratpfanne erhitzen, die Zwiebel dazugeben und ungefähr drei Minuten dünsten. Etwa 150 g Tomaten halbieren. Die Pfanne vom Herd nehmen und Knoblauch, Tomatenpaste und Tomaten darin verrühren, bis die Tomaten von der Soße überzogen sind.

2 Den Blätterteig auf einer dünn bemehlten Oberfläche ausrollen und mit Hilfe eines Ausstechförmchens oder einer Schüssel vier Kreise von 12 cm Durchmesser ausschneiden. Die Kreise auf das Backblech legen und mit der Spitze eines scharfen Messers je einen flachen Einschnitt 1 cm von der Kante entfernt machen, um einen Rand zu formen. Die Ränder mit geschlagenem Ei bestreichen. Die Tomatenmischung vorsichtig in die Mitte der Teigstücke geben, damit sie innerhalb der Ränder bleibt.

3 Im vorgeheizten Ofen etwa fünfzehn Minuten bei 220 °C backen, Gasstufe 7, bis der Teig aufgeht und goldgelb wird.

4 In der Zwischenzeit das Pesto in einer Schüssel mit Crème fraîche abziehen und mit Salz und Pfeffer abschmecken. Die Crème fraîche muss gut mit Pesto durchzogen sein.

5 Die gebackenen Törtchen auf Teller legen und Crème fraîche-Pesto darüber geben. Mit Basilikum bestreuen und servieren.

Falafel-Pfannkuchen

425 g Kichererbsen aus der Dose, abgespült und abgetropft
1 Zwiebel, grob gehackt
3 Knoblauchzehen, grob gehackt
2 Teelöffel Kreuzkümmel
1 Teelöffel mildes Chilipulver
2 Esslöffel Minze, gehackt
3 Esslöffel Koriander, gehackt
50 g Brotkrumen
Öl zum Backen
Salz und Pfeffer

Diese Kichererbsenküchlein, traditionell zu kleinen Kugeln gerollt und frittiert, ergeben ein großartiges vegetarisches Abendbrot. Reichen Sie griechischen Salat dazu.

1 Kichererbsen mit Zwiebel, Knoblauch, Gewürzen, Kräutern, Brotkrumen sowie etwas Salz und Pfeffer in einer Küchenmaschine oder einem Mixer zu einer dicken, aber nicht glatten Masse verarbeiten.

2 Jeweils mehrere Löffel der Mischung zu einem flachen Kuchen formen. Öl in einer Pfanne erhitzen, so dass der Pfannenboden 1 cm mit Öl bedeckt ist. Die Hälfte der Falafel etwa drei Minuten darin frittieren, bis sie von jeder Seite knusprig und goldgelb sind. Auf Küchenpapier abtropfen lassen. Warm halten, während die restlichen Falafel frittiert werden.

Vorbereitung: 10 Minuten   Kochzeit: 16 Minuten   Insgesamt: 26 Minuten   Personen: 4

Erbsen-Pfannkuchen mit Minze-aroma, Mozzarella, Tomaten und Basilikum

500 g Kartoffeln
250 g Erbsen
3 Esslöffel Minze, gehackt
1 Ei, leicht geschlagen
300 g Mozzarella, in Scheiben geschnitten
6 Eiertomaten, in Scheiben geschnitten
6 Esslöffel extra natives Olivenöl
1 Esslöffel Balsamico
Kleine Hand voll Basilikumblätter, gehäckselt
50 g Butter
Salz und Pfeffer

1 Schneiden Sie die Kartoffeln in Stücke und lassen Sie sie in leicht gesalzenem, kochendem Wasser etwa acht Minuten garen. Sie sollen weich sein, aber nicht zerfallen.

2 Kochen Sie in der Zwischenzeit die Erbsen in einem separaten Topf zwei Minuten in leicht gesalzenem, kochendem Wasser. Schütten Sie die Erbsen ab und zerdrücken Sie diese mit der Gabel in einer Schüssel. Reiben Sie die Kartoffeln grob, die Sie mit Minze, geschlagenem Ei sowie etwas Salz und Pfeffer in eine Schüssel geben. Verrühren Sie die Zutaten gründlich.

3 Legen Sie abwechselnd Tomaten- und Käsescheiben einander überlappend in eine flache Auflaufform und schmecken Sie alles mit Salz und Pfeffer ab. Mischen Sie fünf Esslöffel Olivenöl mit Essig und Basilikum für das Dressing.

4 Lassen Sie Butter mit dem restlichen Öl in einer gusseisernen Pfanne aus. Verteilen Sie die Mischung aus Kartoffeln und Erbsen gleichmäßig in der Pfanne. Lassen Sie die Mischung bei mittlerer Hitze fünf Minuten backen, bis die Unterseite knusprig und goldgelb ist, wenn sie mit dem Palettenmesser angehoben wird.

5 Drehen Sie den Pfannkuchen mit Hilfe eines Backblechs oder flachen Tellers, lassen Sie ihn wieder in die Pfanne gleiten und weitere drei Minuten backen. In der Zwischenzeit können Käse und Tomaten im vorgeheizten Ofen backen, bis der Käse zerläuft.

6 Schneiden Sie den Pfannkuchen in Viertel und geben Sie ihn auf die Teller. Legen Sie die Käse- und Tomatenscheiben darauf und beträufeln Sie diese mit Dressing.

Vorbereitung: 10 Minuten   Kochzeit: 20 Minuten   Insgesamt: 30 Minuten   Personen: 4

Camembert-Schalotten-Törtchen

50 g Butter
8 große Schalotten, geviertelt
1 Esslöffel Zitronenthymian, gehackt
350 g Blätterteig
125 g Camembert,
in Scheiben geschnitten
Salz und Pfeffer

1 Fetten Sie ein Backblech dünn ein und besprenkeln Sie es mit Wasser. Lassen Sie die Butter in einer Bratpfanne aus und dünsten Sie die Schalotten fünf Minuten darin. Rühren Sie den Thymian unter.

2 Rollen Sie den Teig auf einer dünn mit Mehl bestäubten Oberfläche zu einem Viereck von 20 cm aus und schneiden Sie ihn in vier Quadrate. Legen Sie die Teile auf das Backblech. Machen Sie mit der Spitze eines scharfen Messers 1 cm von der Kante entfernt einen flachen Einschnitt entlang den Seiten der Vierecke, um einen Rand zu formen.

3 Geben Sie Schalotten und Thymian in die Mitte der Törtchen. Backen Sie diese zehn Minuten im vorgeheizten Ofen bei 220 °C, Gasstufe 7, bis der Teig aufgegangen ist. Legen Sie den Käse über die Schalotten und schieben Sie die Törtchen für weitere fünf Minuten in den Ofen, anschließend warm servieren.

Pastetchen mit Tofu, Zimt und Honig

50 g Butter
2 Zwiebeln, gehackt
50 g geraspelte Mandeln, leicht zerdrückt
1 Esslöffel flüssiger Honig
1 Teelöffel gemahlener Zimt
200 g Tofu,
abgetropft und in Würfel geschnitten
150 g Filoteig
Salz und Pfeffer

1 Die Hälfte der Butter in einer Bratpfanne zerlassen. Die Zwiebeln drei Minuten darin dünsten. Die Mandeln unterrühren und zwei Minuten rösten, bis sie goldbraun werden. Honig, Zimt und Tofu dazugeben und mit Salz und Pfeffer abschmecken.

2 Die restliche Butter in einem kleinen Topf zerlassen. Die Filopaste in sechzehn Quadrate von 18 cm schneiden. Acht Vierecke auf eine Arbeitsfläche legen und mit zerlassener Butter bestreichen. Über jedes Viereck ein anderes quer legen, damit ein Stern entsteht. Die Tofu-mischung in die Mitte der Sterne geben.

3 Die Kanten des Teigs mit etwas Butter bestreichen. Die Ecken über der Füllung zu einem Bündel zusammenlegen und zusammendrücken. Alle Pastetchen werden auf diese Weise geformt. Die Pastetchen auf ein Backblech legen und mit der restlichen Butter bestreichen.

4 Im vorgeheizten Ofen etwa zehn Minuten bei 200 °C backen, Gasstufe 6, bis die Pastetchen goldbraun sind. Warm servieren.

Feta-Tapenade-Scones

200 g Mehl mit Backpulver
1 Teelöffel Backpulver
¼ Teelöffel Salz
1 Ei
300 ml Milch
4 Esslöffel Tapenade (siehe Seite 9)
200 g Feta,
abgetropft und in Würfel geschnitten
2 Teelöffel Rosmarin, fein gehackt
Öl zum Backen
Gemischte Salatblätter zum Servieren

Diese wohlschmeckenden, kleinen, Scones ähnlichen Pfannkuchen sind hervorragend zum Mittag oder zum Abendbrot geeignet, wenn Sie auf etwas Leichtes, aber Würziges Appetit haben. Überschüssiger Teig und Käsemischung halten sich bis zu zwei Tagen im Kühlschrank.

1 Mehl, Backpulver, Salz und Ei in eine Schüssel geben. Milch langsam mit den Zutaten zu einem Teig verrühren. Die Zutaten können auch in einer Küchenmaschine oder einem Mixer gerührt werden.

2 Tapenade, Feta und Rosmarin in einer separaten Schüssel mischen. Etwas Öl in einer großen Bratpfanne erhitzen. Verschiedene, getrennte Löffel Teig in die Pfanne geben. Die Küchlein sollten einen Durchmesser von ungefähr 7 cm haben. Bei geringer Hitze backen, bis der Teig Blasen bildet und fest wird.

3 Etwas Käsemischung in die Mitte der Gebäcks geben. Die Küchlein vorsichtig mit einem Palettenmesser umdrehen und eine weitere Minute backen. Aus der Pfanne nehmen und warm halten, während die restlichen Pfannkuchen backen. Mit der Käseseite nach oben servieren. Einen gemischten Blattsalat dazu reichen.

Zitronengras-Tofu-Nuggets mit Chilisoße

1 Bund Frühlingszwiebeln
5 cm langes Stück frischer Ingwer,
geschält und gehackt
2 Zitronengrasstängel, grob gehackt
Kleine Hand voll Koriander
3 Knoblauchzehen, grob gehackt
1 Esslöffel Streuzucker
1 Esslöffel leichte Sojasoße
300 g Tofu, abgetropft
75 g Brotkrumen
1 Ei
Öl zum Backen
Salz und Pfeffer

Dip
1 Esslöffel flüssiger Honig
2 Esslöffel Sojasoße
1 rote Chili, entkernt und in Ringe geschnitten
2 Esslöffel Orangensaft

1 Schneiden Sie eine Frühlingszwiebel in dünne Scheiben und stellen Sie diese zur Seite. Schneiden Sie die restlichen klein, dann gemeinsam mit Ingwer, Zitronengras, Koriander und Knoblauch in eine Küchenmaschine geben. Hacken Sie alles fein. Fügen Sie Zucker, Sojasoße, Tofu, Brotkrumen, Ei sowie Salz und Pfeffer hinzu und verarbeiten Sie es zu einer dicken Masse.

2 Drücken Sie jeweils einige Löffel der Mischung mit bemehlten Händen zu flachen Kuchen.

3 Mischen Sie die Zutaten für den Dip mit der geschnittenen Zwiebel in einer kleinen Schüssel.

4 Erhitzen Sie Öl in einer großen, beschichteten Bratpfanne. Braten Sie zuerst die Hälfte der Tofu- Nuggets von jeder Seite ein bis zwei Minuten goldgelb, anschließend auf Küchenpapier abtropfen lassen und warm halten, während die anderen braten. Zu den Nuggets den Dip reichen.

Vorbereitung: 15 Minuten Kochzeit: 5 Minuten Insgesamt: 20 Minuten Personen: 4

Gemüse-Reis-Pfannkuchen mit Sesam und Ingwersoße

Soße
1 Knoblauchzehe, grob gehackt
5 cm langes Stück frischer Ingwer,
geschält und grob gehackt
3 Esslöffel brauner Muscovado
4 Teelöffel Sojasoße
5 Teelöffel Wein oder Reisessig
2 Esslöffel Tomatenmark
2 Esslöffel Sesamkörner,
plus eine Extraportion zum Servieren

Pfannkuchen
8 Reispfannkuchen
2 mittelgroße Möhren
100 g Sojasprossen oder
gemischte Bohnensprossen
Kleine Hand voll Minze, grob gehackt
1 Stangensellerie,
in dünne Scheiben geschnitten
4 Frühlingszwiebeln,
diagonal in dünne Scheiben geschnitten
1 Esslöffel Sojasoße

Hauchdünne Reispfannkuchen sind interessante Hüllen für atemberaubende Füllungen – hier ist es eine Gemüsefüllung. Zusammen mit einer kräftigen Soße serviert, sind sie verführerische Vorspeisen. Rechnen Sie zwei Reispfannkuchen pro Person. Sollte jedoch ein opulentes Mahl folgen, genügt einer.

1 Alle Zutaten für die Soße in eine Küchenmaschine oder einen Mixer geben (Benutzen Sie eine kleine Rührschüssel, wenn Sie eine besitzen.) und zu einer dünnen Paste verarbeiten. (Sie können den Knoblauch auch hacken, den Ingwer raspeln und mit den restlichen Zutaten mischen.) Sesamkörner unterrühren und in eine Schüssel füllen.

2 Die Reispfannkuchen nach Gebrauchsanleitung aufweichen. Die Karotten in dünne Stifte schneiden und mit Sojasprossen oder Bohnensprossen, Minze, Sellerie, Frühlingszwiebeln und Sojasoße mischen.

3 Die Gemüsemischung jeweils in die Mitte der acht Pfannkuchen geben. Das untere Ende der Pfannkuchen über die Mitte legen und die Pfannkuchen anschließend einrollen.

4 Pfannkuchen fünf Minuten in einem Dampfkochtopf dämpfen, bis sie warm sind. (Sie können sie auch auf einen Backrost legen, mit Folie bedecken und über einem Topf mit kochendem Wasser dämpfen.) Sofort mit der Soße servieren. Mit Sesamkörnern verfeinern.

Couscous, Polenta & Getreide

Couscous, Polenta, Bulgur und Hirse erobern sich einen Platz in der größer werdenden Auswahl an Getreideprodukten, die nun fast überall erhältlich ist. Sie bereichern vegetarische Gerichte mit ihrem individuellen Geschmack und können entweder als Grund- zutat oder als Beilage verwendet werden.

Couscous-Bällchen mit Rote Bete und Crème fraîche

150 g Couscous
100 ml heiße Gemüsebrühe (siehe Seite 9)
4 Frühlingszwiebeln, fein gehackt
2 Knoblauchzehen, gehackt
3 Esslöffel gehackte Petersilie
75 g Pinienkerne, grob gehackt
50 g gemahlene Mandeln
Fein geriebene Schale einer Zitrone
1 Ei
Öl zum Backen
4 kleine Rote Bete, geviertelt
Salz und Pfeffer
Blattpetersilie zum Garnieren

Dressing
4 Esslöffel extra natives Olivenöl
1 Teelöffel Tabascosoße
1 Esslöffel Zitronensaft

1 Geben Sie zwei Drittel Couscous in eine Schüssel. Gießen Sie die Gemüsebrühe an und lassen Sie ihn fünf Minuten ziehen. Mischen Sie in der Zwischenzeit die Zutaten für das Dressing in einer kleinen Schüssel.

2 Wenn der Couscous die Flüssigkeit aufgesogen hat, lockern Sie ihn mit einer Gabel auf und geben Frühlingszwiebeln, Knoblauch, Petersilie, Pinienkerne, Mandeln, Zitronenschale und Ei dazu. Schmecken Sie die Zutaten mit Salz und Pfeffer ab und rühren Sie alles, bis sie binden.

3 Rollen Sie gehäufte Teelöffel der Mischung zu Bällchen, anschließend im restlichen Couscous wälzen. Sollte die Mischung kleben, befeuchten Sie Ihre Hände, bevor Sie die Bällchen rollen.

4 Füllen Sie eine gusseiserne Pfanne mit Öl, so dass der Boden 2,5 cm damit bedeckt ist und erhitzen Sie es. Lassen Sie die Hälfte der Couscousbällchen zwei Minuten darin goldgelb backen. Zum Abtropfen auf Küchenpapier legen, während Sie die restlichen backen.

5 Richten Sie die Couscousbällchen und Rote Bete auf den Tellern an. Geben Sie einen Löffel Crème fraîche darüber, garnieren Sie alles mit Petersilie und beträufeln Sie die Bällchen mit Dressing.

Vorbereitung: 5 Minuten Kochzeit: 25 Minuten Insgesamt: 30 Minuten Personen: 4

Scharfer Gemüsecouscous

250 g Couscous
4 Esslöffel Olivenöl
1 große Zwiebel, gehackt
3 Knoblauchzehen, zerdrückt
5 cm langes Stück frischer Ingwer, geschält und geraspelt
½ Teelöffel getrocknete Chiliflocken
Je 2 Teelöffel Paprika und gemahlener Kreuzkümmel
1 Teelöffel gemahlener Kurkuma
1 Zimtstange, halbiert
1 mittlere Süßkartoffel, geschrubbt und in Würfel geschnitten
425 g Kichererbsen aus der Dose, abgespült und abgetropft
450 ml Gemüsebrühe (siehe Seite 9)
75 g Rosinen oder Sultaninen
Salz und Pfeffer
Korianderblätter zum Garnieren

1 Geben Sie den Couscous in eine flache, feuerfeste Auflaufform. Gießen Sie 300 ml kochendes Wasser dazu. Legen Sie einen Deckel oder Folie darüber und schieben Sie ihn in einen auf 150 °C vorgeheizten Ofen, Gasstufe 2, während Sie das Gemüse vorbereiten.

2 Erhitzen Sie das Öl in einem großen Topf. Dünsten Sie Zwiebel, Knoblauch, Ingwer und Gewürze darin fünf Minuten goldgelb.

3 Fügen Sie Süßkartoffel, Kichererbsen, Gemüsebrühe und Trockenfrüchte hinzu. Schmecken Sie alles mit Salz und Pfeffer ab, dann aufkochen lassen. Bei geringer Hitze zwanzig Minuten garen, bis die Kartoffeln weich sind.

4 Lockern Sie den Couscous mit einer Gabel auf und füllen Sie ihn auf die Teller. Geben Sie das Gemüse und die Soße darüber und bestreuen Sie ihn vor dem Servieren mit den Korianderblättern.

Vorbereitung: 10 Minuten Kochzeit: 20 Minuten Insgesamt: 30 Minuten Personen: 4

Weiche Polenta mit Gruyère und Tomatensoße

250 g Instantpolenta
3 Knoblauchzehen, gehackt
4 Esslöffel Olivenöl
1 große Zwiebel, gehackt
400 g gehackte Tomaten aus der Dose
3 Esslöffel Paste aus getrockneten Tomaten
2 Teelöffel leichter Muscovado
75 g Gruyère oder Cheddar, gerieben
Salz und Pfeffer

Dieses Abendgericht lässt sich schnell und einfach aus dem, was im Haus ist, zubereiten. Sie brauchen nur einen Blattsalat als Beilage. Rühren Sie zum Würzen der Polenta einfach frisch gehackte Kräuter, geriebenen Parmesan oder einen großzügigen Klecks Butter unter.

1 Ein Liter Wasser mit einem Teelöffel Salz in einem großen Topf aufkochen. Polenta langsam und gleichmäßig in das Wasser schütten, Knoblauch hinzufügen und fünf Minuten unter umrühren kochen lassen, bis die Polenta dick und breiig ist. Polenta in eine flache, feuerfeste Auflaufform geben.

2 Das Öl in einem Topf erhitzen. Die Zwiebel fünf Minuten darin dünsten. Tomaten, Tomatenpaste und Zucker hinzufügen und mit Salz und Pfeffer abschmecken. Mischung auf die Polenta geben.

3 Mit geriebenem Käse bestreuen und im vorgeheizten Ofen zehn Minuten bei 200 °C, Gasstufe 6, goldgelb backen.

Vorbereitung: 10 Minuten Kochzeit: 15 Minuten Insgesamt: 25 Minuten Personen: 4

Grüner Couscous mit scharfer Fruchtsoße

250 g Couscous
500 ml heiße Gemüsebrühe (siehe Seite 9)
75 g ungesalzene Pistazien, ohne Schale
2 Frühlingszwiebeln, gehackt
Kleine Hand voll Petersilie, gehackt
425 g Flageoletbohnen, abgespült und abgetropft
½ Teelöffel Safranfäden
1 Esslöffel Kardamonkapseln
2 Teelöffel Koriandersamen
½ Teelöffel Chilipulver
4 Esslöffel geschälte Mandeln
75 g getrocknete Aprikosen
Salz und Pfeffer

Sollen Pistazienkerne ihre atemberaubende, smaragdgrüne Farbe enthüllen, schält man sie am besten, indem man sie eine Minute in kochendes Wasser taucht und anschließend die Schale zwischen Küchenpapier abrubbelt. Verrichten Sie diese aufwendige Prozedur aber nur, wenn Sie viel Zeit haben.

1 Den Couscous in eine Schüssel geben. 300 ml heiße Gemüsebrühe angießen. Fünf Minuten stehen lassen, bis die Brühe aufgesogen ist. Anschließend Pistazien, Frühlingszwiebeln, Petersilie und Bohnen unterheben und mit Salz und Pfeffer abschmecken. Einen Deckel oder Folie darüber legen und für fünfzehn Minuten in den auf 150 °C vorgeheizten Ofen schieben, Gasstufe 2.

2 In der Zwischenzeit den Safran in eine kleine Tasse füllen, mit einem Esslöffel kochendem Wasser bedecken und drei Minuten ziehen lassen. Die Kardamomkapseln mit einem Stößel im Mörser oder mit einem Rollholz in einer kleinen Schüssel zerstoßen. Die Kapseln aussortieren und die Kerne weiter zerstoßen.

3 Mit Koriandersamen, Chilipulver, Mandeln und Aprikosen in eine Küchenmaschine oder einen Mixer geben und fein hacken. Safran mit Flüssigkeit, restliche Brühe sowie Salz und Pfeffer hinzufügen und pürieren. Die Mischung eine Minute in einem Topf erhitzen. Mit dem Couscous servieren.

Tabbouleh mit Früchten und Nüssen

Die Üppigkeit an Kräutern verleiht diesem Salat sein wunderbares Aroma. Wenn Backpflaumen nicht ihre Favoriten sind, ersetzen Sie diese durch beliebige andere Trockenfrüchte, wie Aprikosen, dicke Sultaninen oder Rosinen. Auch Feigen und Datteln eignen sich für dieses Gericht.

150 g Bulgur
75 g ungesalzene Pistazien, geschält
1 kleine rote Zwiebel, fein gehackt
3 Knoblauchzehen zerdrückt
25 g Blattpetersilie, gehackt
15 g Minze, gehackt
Fein geriebene Schale und
Saft von einer Zitrone oder Limone
150 g getrocknete Pflaumen,
in Scheiben geschnitten
4 Esslöffel Olivenöl
Salz und Pfeffer

1 Füllen Sie den Bulgur in eine Schüssel, gießen Sie reichlich kochendes Wasser darüber und lassen Sie ihn fünfzehn Minuten ziehen.

2 Geben Sie in der Zwischenzeit die Pistazien in eine separate Schüssel und bedecken Sie alles mit kochendem Wasser, dann eine Minute stehen lassen und das Wasser abschütten. Reiben Sie die Pistazien zum Entfernen der Haut zwischen verschiedenen Lagen Küchenpapier. Ziehen Sie die restliche Haut mit den Fingern ab.

3 Mischen Sie die Pistazien mit Zwiebel, Knoblauch, Petersilie, Minze, Zitronenschale und -saft sowie Pflaumen in einer Schüssel.

4 Schütten Sie den Bulgur in einem Sieb ab. Drücken Sie mit dem Rücken eines Löffels so viel Flüssigkeit wie möglich heraus. Geben Sie ihn mit dem Öl zu den übrigen Zutaten und mischen Sie alles gründlich. Schmecken Sie ihn mit Salz und Pfeffer ab. Lassen Sie ihn vor dem Auftragen abkühlen.

Pilze, Couscous und Kräuterwürstchen

75 g Couscous
3 Esslöffel Olivenöl
1 Zwiebel, gehackt
250 g Maronen, grob gehackt
1 rote Chili, entkernt und in dünne Ringe geschnitten
3 Knoblauchzehen, grob gehackt
Kleine Hand voll gemischte Kräuter,
wie Thymian, Rosmarin oder Petersilie
200 g ganze, gekochte Kastanien
75 g Brotkrumen
1 Eigelb
Öl zum Backen
Salz und Pfeffer

Hier haben wir ein aromatisches Wintergericht. Servieren Sie es einfach mit Preiselbeersoße oder reichlich gebratenen Zwiebeln mit Bratfett. Gekochte Kastanien sind vakuumverpackt erhältlich - das perfekte Fertiggericht.

1 Geben Sie den Couscous in eine Schüssel, gießen Sie 75 ml kochendes Wasser dazu und lassen Sie ihn fünf Minuten ziehen.

2 Erhitzen Sie in der Zwischenzeit das Olivenöl in der Pfanne. Braten Sie Zwiebel, Pilze und Chili darin fünf Minuten, bis die Pilze goldgelb sind und die Flüssigkeit verdampft ist.

3 Hacken Sie die Mischung mit Knoblauch, Kräutern und Kastanien in einer Küchenmaschine oder einem Mixer fein. Füllen Sie alles in eine Schüssel und fügen Sie den eingeweichten Couscous, die Brotkrumen und das Eigelb hinzu, dann mit Salz und Pfeffer abschmecken.

4 Formen Sie mit bemehlten Händen zwölf Würstchen aus der Mischung. Erhitzen Sie Öl und braten Sie die Würstchen etwa fünf Minuten unter häufigem Wenden darin.

Vorbereitung: 10 Minuten   Kochzeit: 20 Minuten   Insgesamt: 30 Minuten   Personen: 4

Polentachips mit Safranpilzen

1 Teelöffel Safranfäden
500 g fertige Polenta
1 Esslöffel Mehl
2 Teelöffel Chilipulver
Öl zum Backen
25 g Butter
1 Zwiebel, gehackt
2 Knoblauchzehen, zerdrückt
400 g gemischte Wild- und gezüchtete Pilze,
große Pilze halbieren
250 g Mascarpone
2 Esslöffel Estragon, gehackt
Fein geriebene Schale und Saft von ½ Zitrone
Salz und Pfeffer

Wenn Sie nicht genügend Zeit haben eigene Polenta herzustellen, benutzen Sie ein Packung fertige Polenta für die Chips. Mit Chilipulver bestreut und gebacken, bieten Sie eine willkommene Abwechslung zu den traditionellen Pommes frites.

1 Den Safran mit einem Esslöffel kochendem Wasser in eine Schüssel geben und stehen lassen.

2 Die Polenta in 1 cm dicke Scheiben schneiden. Die Scheiben in 1 cm breite Chips teilen. Die Chips in dem mit Chilipulver, Salz und Pfeffer gewürztem Mehl wälzen.

3 Das Öl in eine Pfanne geben, so dass der Boden mit einer 1 cm dicken Schicht bedeckt ist. Das Öl erhitzen und jeweils die Hälfte der Chips zehn Minuten darin goldgelb braten. Auf Küchenpapier abtropfen lassen und warm halten.

4 Während die Chips braten, Butter in einer separaten Pfannen zerlassen und Zwiebel und Knoblauch fünf Minuten darin dünsten. Pilze unterrühren und zwei Minuten braten. Mascarpone, Estragon, Zitronenschale und -saft sowie Safran mit Flüssigkeit hinzufügen und mit Salz und Pfeffer abschmecken. Verrühren, bis der Mascarpone zerlaufen und die Mischung zur Soße eingedickt ist. Mit den Polentachips anrichten und servieren.

Vorbereitung: 5 Minuten   Kochzeit: 25 Minuten   Insgesamt: 30 Minuten   Personen: 4

Scharfe Hirse

50 g Butter
1 Zwiebel, gehackt
2 Knoblauchzehen, zerdrückt
1 Esslöffel Kardamomkapseln,
leicht zerdrückt
1 Teelöffel ganze Gewürznelken
1 Zimtstange, halbiert
200 g Hirse
600 ml Gemüsebrühe (siehe Seite 9)
4 Esslöffel Petersilie, gehackt
Salz und Pfeffer

Hirse ist ein kleines, goldenes Korn, das dem Couscous etwas ähnelt. Ihr milder Geschmack und leichte Beschaffenheit kann mit Kräutern verfeinert werden, so dass sie als Beilage zu scharfen Eintöpfen und Bohnengerichten eine gute Alternative zu Reis ist. Verwandeln Sie das Gericht in ein Hauptgericht, indem Sie einfach abgetropfte Linsen aus der Dose und einen Löffel Harissa zusetzen.

1 Die Butter in einem gusseisernen Topf zerlassen. Die Zwiebel in die Butter geben und drei Minuten dünsten. Knoblauch, Kardamomkapseln, Nelken, Zimt und Hirse hinzufügen. Mit Salz und Pfeffer abschmecken und zwei Minuten braten.

2 Gemüsebrühe angießen, Petersilie unterrühren und aufkochen lassen. Bei geringer Hitze im offenen Topf zwanzig Minuten kochen lassen, bis die Hirse gar ist und die Brühe absorbiert hat. Die Hirse beim Kochen gelegentlich mit der Gabel auflockern, damit sie locker und körnig bleibt. Heiß servieren.

Salate & Beilagen

Kreativität ist der Schlüssel für das erfolgreiche Zubereiten von Salaten. Aus sorgfältig ausgewählten, sich ergänzenden Zutaten lassen sich wahre Wunder an Farbe, Geschmack und Beschaffenheit zaubern. Einige der hier vorgestellten Salate eignen sich als gehaltvolle Hauptgerichte, während andere als appetitanregende Vorspeisen oder phantasievolle Beilagen dienen.

Salat mit Süßkartoffeln, Rauke und Halloumi

500 g Süßkartoffeln,
in Scheiben geschnitten
3 Esslöffel Olivenöl
250 g Halloumi,
auf Küchenpapier getrocknet
75 g Rauke

Dressing
5 Esslöffel Olivenöl
3 Esslöffel flüssiger Honig
2 Esslöffel Zitronen- oder Limonensaft
1 ½ Teelöffel Schwarzkümmel
1 rote Chili, entkernt und
in feine Ringe geschnitten
2 Teelöffel Zitronenthymian, gehackt
Salz und Pfeffer

Die Kombination aus festem Salzlakenkäse, süßen Kartoffeln und scharfem Dressing mit Honigaroma ist äußerst wohlschmeckend. Die Zutaten reichen als leichtes Hauptgericht zum Mittag oder am Abend für vier Personen, oder als Vorspeise für sechs Personen.

1 Mischen Sie alle Zutaten für das Dressing in einer kleinen Schüssel.

2 Lassen Sie die süßen Kartoffeln zwei Minuten in leicht gesalzenem, kochendem Wasser garen. Gießen Sie das Wasser gründlich ab. Erhitzen Sie Öl in einer großen Bratpfanne und braten Sie die süßen Kartoffeln darin zehn Minuten. Wenden Sie sie dabei einmal.

3 Schneiden Sie in der Zwischenzeit den Käse in Scheiben und legen Sie ihn auf einen leicht geölten, mit Folie bezogenen Backrost. Backen Sie ihn drei Minuten im vorgeheizten Ofen bei mittlerer Hitze goldgelb.

4 Richten Sie die süßen Kartoffeln mit Käse und Rauke auf den Tellern an und träufeln Sie das Dressing darüber.

Salat aus hauchzarten Karotten-stücken

4 mittelgroße Karotten
2 Selleriestangen
1 Bund Frühlingszwiebeln
4 Esslöffel leichtes Olivenöl
2 Esslöffel Limonensaft
2 Teelöffel Streuzucker
¼ Teelöffel getrocknete Chilis, zerstoßen
2 Esslöffel Minze gehackt
50 g gesalzene Erdnüsse
Salz und Pfeffer

Das ist der leichteste und schönste Salat, den man sich vorstellen kann. Die perfekte Beilage zu Pasta oder Pizza. Benutzen Sie zum Schneiden der Karotten einen Gemüseschäler. Lassen Sie das Gemüse bis kurz vor dem Servieren in Eiswasser, da es sich nach dem Abschütten aufrollt.

1 Füllen Sie eine Schüssel halb voll mit sehr kaltem Wasser. Geben Sie bei Bedarf einige Eiswürfel dazu.

2 Schälen Sie die Karotten und schneiden Sie diese mit dem Gemüseschäler in so viele Streifen wie möglich. Legen Sie die Streifen in das Wasser. Teilen Sie den Sellerie in 5 cm lange Stücke. Schneiden Sie die Stücke in hauchdünne Scheiben. Teilen Sie die Frühlingszwiebeln ebenfalls in 5 cm lange Stücke und hacken Sie sie längs. Geben Sie Sellerie und Frühlingszwiebeln in das kalte Wasser und lassen Sie alles zwanzig Minuten ziehen, bis sich das Gemüse zusammenrollt.

3 Mischen Sie Öl, Limonensaft, Zucker, Chilis und Minze in einer kleinen Schüssel und schmecken Sie alles mit Salz und Pfeffer ab.

4 Gießen Sie das Wasser vollständig ab und geben Sie das Gemüse in eine Schüssel, dass mit Dressing verfeinert wird. Anschließend heben Sie die Erdnüsse unter und schmecken Sie alles mit etwas Salz und Pfeffer ab. Servieren Sie den Salat sofort.

Vorbereitung: 10 Minuten Kochzeit: 10 Minuten Insgesamt: 20 Minuten Personen: 4

Salat mit gerösteten kleinen Auberginen und Tomaten

275 g kleine Auberginen
4 Esslöffel Olivenöl
1 Esslöffel Zitronensaft
2 Esslöffel Kerbel oder Petersilie, grob gehackt
250 g Cocktailtomaten, halbiert
1 Teelöffel Streuzucker
2 Knoblauchzehen, zerdrückt
200 g Ricotta
50 g Rauke
4 Teelöffel Balsamico
Salz und Pfeffer

Reichen Sie diesen farbenfrohen Salat entweder als Vorspeise für vier oder als Abendbrot für zwei Personen. Kleine Auberginen sind sehr ansprechend, aber nur mit etwas Glück erhältlich. Sie können also auch große, in dicke Scheiben geschnittene Auberginen verwenden.

1 Die Auberginen halbieren und Linien kreuz und quer als Muster über die Schnittstellen ritzen. Mit den eingeschnittenen Seiten nach oben auf einen mit Folie bezogenen Backrost legen. Mit einem Esslöffel Öl und Zitronensaft beträufeln und mit Salz und Pfeffer abschmecken. Im vorgeheizten Ofen acht bis zehn Minuten backen, bis sie weich und goldgelb sind. Einmal wenden. Kerbel oder Petersilie darüber streuen.

2 In der Zwischenzeit die Tomaten mit etwas Öl in eine Bratpfanne geben und mit Zucker, Knoblauch, Salz und Pfeffer würzen. Bei großer Hitze ein bis zwei Minuten braten. Sie sollen weich, aber noch fest sein.

3 Die Auberginen auf angewärmte Teller legen. Zuerst mit Ricotta bestreichen und anschließend Tomaten und Rauke darauf anrichten. Balsamico, restliches Öl, Salz und Pfeffer sowie Bratensaft von der Folie in eine Bratpfanne geben und dreißig Sekunden erhitzen. Vor dem Servieren über den Salat träufeln.

Tofurollen in Thai-Dressing

1 kleiner Eisbergsalat
275 g Tofu, in Würfel geschnitten
100 g Zuckerschoten, längs gehackt
2 Esslöffel Sesamöl
2 Esslöffel leichte Sojasoße
2 Esslöffel Limonensaft
1 Esslöffel Muscovado
1 thailändische Chili,
entkernt und in Ringe geschnitten
1 Knoblauchzehe, zerdrückt
Pfeffer

1 Acht Blätter vom Salatkopf entfernen. Eine große, feuerfeste Schüssel mit kochendem Wasser füllen. Abgetrennte Blätter in die Schüssel legen und zehn Sekunden stehen lassen. In kaltem Wasser abspülen und vollständig abschütten.

2 Den restlichen Salatkopf klein hacken. In einer Schüssel mit Tofu und Zuckerschoten mischen.

3 Sesamöl, Sojasoße, Limonensaft, Zucker, Chili, Knoblauch und Pfeffer verrühren. Das Tofu vorsichtig mit dem Dressing anmachen.

4 Etwas Tofumischung in die Mitte der blanchierten Salatblätter geben und die Blätter zusammenrollen. Bis zum Servieren abkühlen lassen.

Rote Bete-Salat mit Koriander und Tomatendressing

8 mittelgroße, gekochte Rote Bete,
in Scheiben geschnitten
2 Esslöffel Rotweinessig
1 Teelöffel Streuzucker
2 Esslöffel leichtes Olivenöl
Salz und Pfeffer
Crème fraîche zum Servieren
Korianderstängel zum Garnieren

Dressing
1 rote Zwiebel, fein gehackt
425 g Strauchtomaten,
entkernt und gehackt
2 Knoblauchzehen, zerdrückt
15 g Koriander, gehackt

1 Rote Bete mit Essig, Zucker, Öl sowie Salz und Pfeffer in einer Schüssel würzen.

2 Die Zutaten für das Dressing in einer separaten Schüssel mischen. Mit etwas Salz und Pfeffer abschmecken.

3 Etwa zwei Drittel Rote Bete auf vier Teller anrichten. Mit dem Dressing verfeinern und die übrigen Rote Bete hinzufügen. Mit Crème fraîche bedecken und mit Korianderstängel garniert servieren.

Scharfer Orangen-Avocado-Salat

4 große, saftige Orangen
2 kleine, reife Avocados, entsteint und geschält
2 Teelöffel Kardamomkapseln
3 Esslöffel leichtes Olivenöl
1 Esslöffel flüssiger Honig
Gute Prise Piment
2 Teelöffel Zitronensaft
Salz und Pfeffer
Stängel der Brunnenkresse zum Garnieren

1 Entfernen Sie Schale und weiße Haut von den Orangen. Schneiden Sie zwischen die Membranen, um die Orange zu teilen. Arbeiten Sie dabei über einer Schüssel, um den Saft aufzufangen.

2 Schneiden Sie die Avocado in Scheiben und heben Sie vorsichtig die Orange unter. Richten Sie die Früchte auf Teller an.

3 Heben Sie einige ganze Kardamomkapseln zum Dekorieren auf. Zerdrücken Sie die übrigen mit einem Stößel im Mörser, oder mit einem Rollholz in einer Schüssel, um die Samen herauszulösen. Mischen Sie die Samen mit Öl, Honig, Piment, Zitronensaft, Salz und Pfeffer sowie dem aufgefangenen Orangensaft.

4 Garnieren Sie die Früchte mit der Brunnenkresse, beträufeln Sie diese mit dem Dressing.

Kräutersalat mit eingelegtem Ingwer und Weintrauben

1 kleiner Fenchel, fein gehackt
250 g weiße, kernlose Trauben, halbiert
2 Stücke eingelegter Ingwer aus dem Glas, fein gehackt, plus
2 Esslöffel Ingwersaft aus dem Glas
4 Esslöffel Trauben- oder Apfelsaft
2 Esslöffel Olivenöl
150 g gemischte Kräuter oder Blattsalat
50 g ungesalzene Cashewkerne oder Walnüsse (nach Wunsch)
Salz und Pfeffer

Dieser erfrischende Sommersalat kann von der Beilage ganz einfach in ein Hauptgericht umgewandelt werden. Fügen Sie einfach geräucherte Tofuwürfel oder Ziegenkäse hinzu und reichen Sie ein Körnerbrot.

1 Mischen Sie Fenchel, Weintrauben, Ingwer und Ingwersaft, Fruchtsaft sowie Öl in einer mittelgroßen Schüssel und schmecken Sie alles mit Pfeffer und Salz ab.

2 Geben Sie die Kräuter oder den Blattsalat in eine separate Schüssel und fügen Sie (nach Wunsch) die Nüsse hinzu. Mischen Sie die übrigen Zutaten vorsichtig unter.

Vorbereitung: 15 Minuten Kochzeit: 10 Minuten Insgesamt: 25 Minuten Personen: 4

Panzanella

3 Rote Paprikaschoten,
entkernt und geviertelt
375 g reife Eiertomaten, geschält
6 Esslöffel extra natives Olivenöl
3 Esslöffel Weinessig
2 Knoblauchzehen, zerdrückt
125 g älteres Ciabattabrot
50 g schwarze Oliven ohne Stein
Kleine Hand voll Basilikumblätter, gehäckselt
Salz und Pfeffer

In diesem klassischen italienischen Salat sind Stücke Ciabattabrot mit anderen Zutaten gemischt. Sie saugen das wunderbare Knoblauch-Tomaten-Dressing auf. Nehmen Sie am besten älteres Brot, da es nicht so schnell zerfällt, oder geröstetes frisches Brot. Die hier angegebenen Mengen eignen sich als Vorspeise für vier oder als Hauptgericht für zwei Personen.

1 Die Paprikaschoten mit der Haut nach oben auf einen mit Folie bespannten Backrost legen und im vorgeheizten Ofen bei mittlerer Hitze zehn Minuten, oder bis sich die Haut schwarz färbt, backen.

2 In der Zwischenzeit die Tomaten vierteln und passieren. Den Saft dabei in einer Schüssel auffangen. Die geviertelten Tomaten zur Seite stellen. Das Fruchtfleisch mit dem Rücken eines Löffels drücken, um so viel Saft wie möglich zu bekommen.

3 Den Tomatensaft mit Öl, Essig, Knoblauch sowie Salz und Pfeffer würzen.

4 Die Haut von den abgekühlten Paprikaschoten abziehen. Die Schoten in dicke Ringe schneiden und mit den Tomaten in eine Schüssel geben. Das Brot in kleine Stücke brechen und mit Oliven und Basilikum unterheben.

5 Den Salat mit dem Dressing verfeinern und vor dem Servieren noch einmal umrühren.

Vorbereitung: 10 Minuten Kochzeit: 15 Minuten Insgesamt: 25 Minuten Personen: 4

Kartoffelsalat mit grünen Bohnen

875 g neue Kartoffeln, gesäubert
150 g grüne Bohnen, halbiert
6 Esslöffel extra natives Olivenöl
4 Teelöffel Zitronensaft
2 Teelöffel Pfefferkörner, rosa
1 Teelöffel Streuzucker
4 Esslöffel Schnittlauch, gehackt
4 Eier
Salz und Pfeffer
Brunnenkresse oder
Sauerampfer zum Servieren

Dieser zart schmeckende Nizza-Salat lässt sich besonders gut vorbereiten, wenn man Salatkartoffeln bekommt, wie rote Kartoffeln oder Jersey Royal. Servieren Sie den Salat als Snack zwischendurch oder als Vorspeise. Sollten Sie ihn als Vorspeise reichen, nehmen Sie zierliche Wachteleier anstelle der gewöhnlichen Eier. Kochen Sie sie aber nur zwei Minuten.

1 Kartoffeln in reichlich leicht gesalzenem und kochendem Wasser fünfzehn Minuten garen.

2 In der Zwischenzeit grüne Bohnen in einem separaten Topf zwei bis drei Minuten weich kochen. Abgießen und unter kaltem Wasser abspülen.

3 Öl, Zitronensaft, Pfefferkörner, Zucker, Schnittlauch sowie Salz und Pfeffer verrühren.

4 Die Eier in einen kleinen Topf mit kochendem Wasser geben und vier Minuten kochen lassen. (Wenn Sie hart gekochte Eier bevorzugen, lassen Sie alles drei Minuten länger kochen.) Anschließend abschrecken.

5 Die Kartoffeln abschütten und in einer Schüssel mit Wasser abkühlen lassen. Wieder abschütten. Die Eier schälen und vierteln.

6 Kartoffeln, grüne Bohnen und Eier mit dem Dressing verfeinern. Den Salat auf jedem Teller in einem Bett aus Brunnenkresse oder Sauerampfer anrichten.

Gemüse-
gerichte

Vegetarisches Kochen entfaltet
sich mit der erstaunlichen Auswahl
an exotischen, von der Jahreszeit
abhängigen und täglich erhältlichen Gemüsesorten und mit den
vielfältigen Möglichkeiten ihrer
Zubereitung. Die hier vorgestellten
frischen Kräuter, duftenden Gewürze und feinen Aromen unter-
streichen den essentiellen Geschmack des Gemüses, damit Sie
leckere Hauptgerichte, Vorspeisen
und Snacks kreieren können.

Vorbereitung: 10 Minuten Kochzeit: 7 Minuten Insgesamt: 20 Minuten Personen: 4

Sellerie-Kartoffel-Salat mit Spargel

500 g Sellerie, geschält
375 g Kartoffeln, geschält
1 Esslöffel extra natives Olivenöl,
und zum Beträufeln (nach Wunsch)
500 g Spargel, verschnitten

Dressing
150 ml Majonäse
150 ml griechischer Joghurt
1 Teelöffel Dijonsenf
6 Gewürzgurken, fein gehackt
2 Esslöffel Kapern, gehackt
2 Esslöffel Estragon, gehackt
Salz und Pfeffer

Sie können dieses sommerliche Mittags- oder Abendgericht kräftiger machen, indem Sie Eier pochieren und über den Spargel geben.

1 Schneiden Sie Sellerie und Kartoffeln in sehr dünne Stifte. Lassen Sie das Gemüse aber getrennt. Garen Sie den Sellerie zwei Minuten in leicht gesalzenem, kochendem Wasser, bis er weich ist. Fügen Sie die Kartoffeln hinzu und kochen Sie alles weich in zwei Minuten. Schütten Sie das Gemüse ab und kühlen Sie es unter laufendem Wasser ab.

2 Mischen Sie in der Zwischenzeit die Zutaten für das Dressing und stellen Sie es zur Seite.

3 Erhitzen Sie das Öl in einer Bratpfanne. Braten Sie den Spargel zwei bis drei Minuten darin, bis er Farbe bekommt.

4 Verfeinern Sie Sellerie und Kartoffeln mit dem Dressing. Verteilen Sie den Salat auf die Teller und geben Sie den Spargel darüber.

5 Servieren Sie den Salat sofort. Beträufeln Sie ihn nach Wunsch mit etwas Olivenöl.

Vorbereitung: 5 Minuten Kochzeit: 7 Minuten Insgesamt: 12 Minuten Personen: 2

Scharfe Pilze auf Brioche

4 Esslöffel Mangochutney
1,5 cm langes Stück frischer Ingwer, geschält und geraspelt
2 Esslöffel Worcestersoße
1 Esslöffel grobkörniger Senf
2 Teelöffel Paprika
5 Esslöffel frischer Orangensaft
2 Briochebrötchen oder
2 große Scheiben Briochebrot
25 g Butter
1 Esslöffel Öl
3 Schalotten, in dünne Ringe geschnitten
250 g Maronen, halbiert
2 Esslöffel saure Sahne

1 Schneiden Sie große Stücke Mango klein und würzen Sie das Chutney mit Ingwer, Worcestersoße, Senf, Paprika und Orangensaft.

2 Schneiden Sie die Brötchen, falls Sie diese verwenden möchten, in dicke Scheiben und rösten Sie die Brioches, anschließend warm halten.

3 Lassen Sie die Butter mit dem Öl in einer Bratpfanne aus. Dünsten Sie die Schalotten bei geringer Hitze drei Minuten darin. Fügen Sie die Pilze hinzu und braten Sie diese unter Umrühren drei Minuten bei großer Hitze, bis sie goldgelb sind.

4 Geben Sie die Chutneymischung in den Topf, erhitzen Sie diese eine Minute und ziehen Sie alles mit saurer Sahne ab. Richten Sie die Mischung auf den gerösteten Brioches an. Servieren Sie das Gericht heiß.

Vorbereitung: 5 Minuten Kochzeit: 2 Minuten Insgesamt: 7 Minuten Personen: 4

Gedünsteter Spinat mit Pinienkernen und Sultaninen

50 g große Rosinen
3 Esslöffel Olivenöl
40 g Pinienkerne
2 Knoblauchzehen, zerdrückt
625 g junger Spinat
Fein geriebene Schale von 1 Zitrone
Salz und Pfeffer

Diese erfrischende Kombination verschiedener Aromen eignet sich hervorragend als Beilage zu Pizzas, Bohnen- oder Nudelgerichten. Man kann sie aber auch als appetitanregende Tapas anbieten.

1 Die Rosinen in einer kleiner Schüssel mit heißem Wasser bedecken und fünf Minuten ziehen lassen.

2 In der Zwischenzeit das Öl in einer großen Bratpfanne erhitzen und die Pinienkerne darin goldgelb rösten. Knoblauch unterrühren.

3 Die Rosinen gründlich abschütten und mit dem Spinat in den Topf geben. Etwa eine Minute dünsten und gut dabei verrühren. Die Zitronenschale hinzufügen und mit Salz und Pfeffer abschmecken. Sofort servieren.

Vorbereitung: 10 Minuten Kochzeit: 10 Minuten Insgesamt: 20 Minuten Personen: 4

Frittierte Zucchini mit Minzejoghurt

3 mittelgroße Zucchini
1 kleine Zwiebel,
in sehr dünne Ringe geschnitten
1 Ei
½ Teelöffel mittelscharfe Currypaste
100 g Mehl
Öl zum Fritieren

Minzejoghurt
7 Esslöffel griechischer Joghurt
2 Esslöffel Minze, gehackt

Die geraspelten Zucchini sind in einem sehr leichten Teig nach Tempura-Art gebacken und werden als knusprige, goldgelbe Gemüseschnipsel serviert. Der Teig und die Zucchini können vorher vorbereitet werden. Sie dürfen aber erst kurz vor dem Frittieren gemischt werden.

1 Die Zucchini grob raspeln und in einer Schüssel mit der Zwiebel mischen.

2 Das Ei in einer separaten Schüssel schlagen und mit der Currypaste sowie 100 ml kaltem Wasser mischen. Das Mehl unterrühren. Zucchini und Zwiebel hinzufügen und gut verrühren.

3 In einer kleinen Schüssel die Minze unter den Joghurt heben.

4 Das Öl in eine Pfanne oder Fritteuse geben, so dass der Boden mit einer 5 cm hohen Schicht bedeckt ist. Erhitzen, bis ein Teigschnipsel brutzelt und an die Oberfläche steigt. Mehrere Löffel panierte Zucchini in die Fritteuse oder Pfanne geben und etwa drei Minuten frittieren, bis der Teig knusprig und goldgelb ist. Auf Küchenpapier abtropfen lassen und warm halten, während die restlichen Zucchini frittiert werden. Sie müssen sie wahrscheinlich in drei Durchgängen frittieren. Mit Minzejoghurt servieren.

Toad-in-the-hole mit Pilzen, Bier und gebratenen Zwiebeln

4 große Parasolpilze, oder
400 g kleinere Pilze
25 g Butter
5 Esslöffel Olivenöl
3 Knoblauchzehen, in Scheiben geschnitten
2 Esslöffel Rosmarin oder Thymian, gehackt
125 g Mehl
2 Eier
2 Esslöffel scharfer Meerrettich
400 ml Milch
2 Zwiebeln, in Ringe geschnitten
2 Teelöffel Streuzucker
275 ml Starkbier
150 ml Gemüsebrühe (siehe Seite 9)
Salz und Pfeffer

Das ist eine vegetarische Version der englischen Teigspeise, die gewöhnlich mit Würstchen zubereitet wird.

1 Legen Sie die Pilze mit den Stielen nach oben in eine große, feuerfeste Auflaufform. Zerlassen Sie die Butter mit vier Esslöffel Öl in einer Bratpfanne. Fügen Sie Knoblauch und Kräuter hinzu, schmecken Sie alles mit Salz und Pfeffer ab, anschließend dreißig Sekunden verrühren. Geben Sie die Mischung über die Pilze und backen Sie die Mischung im vorgeheizten Ofen zwei Minuten bei 230 °C, Gasstufe 8.

2 Rühren Sie in der Zwischenzeit Mehl, Eier, Meerrettich, Milch sowie etwas Salz und Pfeffer in einer Küchenmaschine oder einem Mixer glatt. Sie können das Mehl auch in eine Schüssel geben und Eier, Meerrettich, Milch sowie Salz und Pfeffer schrittweise unterrühren.

3 Gießen Sie den Teig über die Pilze und backen Sie ihn zwanzig bis fünfundzwanzig Minuten, bis der Teig aufgegangen und goldgelb ist.

4 Erhitzen Sie in der Zwischenzeit das restliche Öl in einer Bratpfanne. Braten Sie die Zwiebel mit dem Zucker fünf Minuten goldbraun. Gießen Sie das Bier und die Gemüsebrühe dazu und schmecken Sie alles mit Salz und Pfeffer ab. Gießen Sie die Soße vor dem Servieren über die gebackenen Pilze.

Pâtisson-Kürbis mit Kohl und Nüssen

1 Pâtisson-Kürbis, etwa 1,5 kg schwer
40 g Butter
1 Zwiebel, in dünne Ringe geschnitten
2 Knoblauchzehen, zerdrückt
150 g grüner Kohl, fein gehäckselt
75 g natürliche Erdnüsse oder Cashewkerne
100 g Crème fraîche
Reichlich frisch geriebene Muskatnuss
Salz und Pfeffer

Dieser Kürbis besitzt die bemerkenswerte Eigenschaft, dass sein gekochtes Fruchtfleisch in unzählige, dem Spaghetti ähnliche Fäden, gerieben werden kann. Sie können ihn mit zerlassener Butter oder Öl abrunden und als Beilage servieren. Aber auch ein Hauptgericht lässt sich daraus zubereiten, wenn Sie Kohl und Nüsse unterheben.

1 Legen Sie den Kürbis in einen großen Topf, bedecken Sie ihn mit kochendem Wasser und lassen Sie ihn zwanzig Minuten garen.

2 Zerlassen Sie in der Zwischenzeit die Butter in einer Bratpfanne. Braten Sie Zwiebel und Knoblauch darin fünf Minuten bei geringer Hitze. Geben Sie den Kohl dazu und dünsten Sie ihn drei Minuten weich. Fügen Sie Nüsse und Crème fraîche hinzu und würzen Sie die Mischung mit Muskatnuss, Salz und Pfeffer. Kochen Sie alles bis die Crème fraîche zur Soße zerläuft.

3 Gießen Sie den Kürbis ab, halbieren Sie ihn und entfernen Sie die Kerne. Raspeln Sie das Fruchtfleisch mit zwei Gabeln in eine Schüssel, so dass dünne Fäden entstehen. Erhitzen Sie die Fäden eine Minute in der Pfanne und richten Sie anschließend mit den anderen Zutaten an. Servieren Sie das Gericht sofort.

Mini-Squash mit roter Bohnensoße

600 ml Gemüsebrühe
1 kg gemischter Mini-Squash, wie Butternuss- oder Eichelkürbis
125 g junger Spinat

Soße
4 Esslöffel Olivenöl
4 Knoblauchzehen, in dünne Scheiben geschnitten
1 rote Paprikaschote, entkernt und fein gehackt
2 Tomaten, gehackt
425 g Kidneybohnen aus der Dose,
abgespült und abgetropft
1 – 2 Esslöffel scharfe Chilisoße
Kleine Hand voll Koriander
Salz

Zum Servieren
Gedünsteter weißer Reis
Saure Sahne (nach Wunsch)
Avocado-Limonen-Salat (nach Wunsch)

Dieses Gericht ist sehr für den Herbst geeignet, wenn die verschiedenen Kürbisse ihre volle Reife erlangen.

1 Die Gemüsebrühe in einem großen Topf aufkochen lassen. Den Kürbis vierteln und entkernen. Die Viertel in den Topf geben, Hitze reduzieren und bedecken. Fünfzehn Minuten bei geringer Hitze garen lassen.

2 In der Zwischenzeit das Öl in einer Bratpfanne erhitzen. Knoblauch und Paprikaschote fünf Minuten darin unter Umrühren dünsten. Tomaten, rote Kidneybohnen, Chilisoße und etwas Salz hinzufügen und fünf Minuten bei geringer Hitze zu einer Soße kochen.

3 Den Kürbis abgießen. Die Gemüsebrühe aufbewahren und in den Topf zurück schütten. Die Spinatblätter etwa eine Minute im geschlossenen Topf blanchieren.

4 Das Gemüse mit dem gedünsteten Reis auf den Tellern anrichten. Die Soße mit acht Esslöffel Gemüsebrühe abziehen, mit Koriander würzen und über das Gemüse geben. Nach Wunsch mit saurer Sahne abrunden und Avocado-Limonen-Salat dazu reichen.

Vorbereitung: 5 Minuten Kochzeit: 15 Minuten Insgesamt: 20 Minuten Personen: 3 – 4

Brunnenkresse-Pilz-Frittata

6 Eier
5 Esslöffel Parmesan, gerieben
1 Bündel Brunnenkresse,
harte Stängel entfernen
40 g Butter
250 g Pilze, dünn geschnitten
Salz und Pfeffer

Eine Frittata ist ein Omelette nach italienischer Art, dass wie übliche Omelettes interessant gewürzt werden kann. Verwenden Sie für eine perfekte Frittata eine qualitativ hochwertige, gusseiserne Bratpfanne und ganz frische Eier.

1 Die Eier mit der Gabel in einer Schüssel schlagen. Parmesan, Brunnenkresse sowie reichlich Salz und Pfeffer unterrühren.

2 Butter in einer gusseisernen Pfanne auslassen. Die Pilze in der Butter drei Minuten bei großer Hitze darin braten. Das geschlagene Ei darüber gießen und die Zutaten vorsichtig verrühren.

3 Die Hitze bis auf die niedrigste Stufe reduzieren. Die Frittata braten, bis sie sich gesetzt hat und die Unterseite goldbraun ist, wenn sie mit dem Palettenmesser angehoben wird. Sollte die Unterseite festbacken, bevor sich die Oberseite gesetzt hat, backen Sie die Frittata im Ofen bei mittlerer Hitze weiter.

Vorbereitung: 10 Minuten Kochzeit: 15 Minuten Insgesamt: 25 Minuten Personen: 4

Basilikum-Tomaten-Eintopf

1 kg reife Tomaten, geschält
6 Esslöffel Olivenöl
2 Zwiebeln, gehackt
4 Selleriestangen, in Scheiben geschnitten
4 dicke Knoblauchzehen,
in dünne Scheiben geschnitten
175 g Pilze, in Scheiben geschnitten
3 Esslöffel Paste aus getrockneten Tomaten
600 ml Gemüsebrühe (siehe Seite 9)
1 Esslöffel Muscovado
3 Esslöffel Kapern
Große Hand voll Basilikumblätter, etwa 15 g
Große Hand voll Kerbel oder Blattpetersilie, etwa 15 g
Salz und Pfeffer
Warmes Brot zum dazu Reichen

Bereiten Sie diesen Eintopf nur zu, wenn Sie wirklich saftige, kräftige Tomaten bekommen. Mit den meisten Tomaten aus dem Supermarkt wird der Eintopf wässrig.

1 Vierteln, entkernen und passieren Sie die Tomaten. Fangen Sie den Saft dabei in einer Schüssel auf.

2 Erhitzen Sie vier Esslöffel Öl in einem großen Topf und dünsten Sie Zwiebel und Sellerie fünf Minuten darin. Fügen Sie Knoblauch und Pilze hinzu und braten Sie alles weitere drei Minuten.

3 Geben Sie Tomaten, ihren Fruchtsaft, Tomatenpaste, Brühe, Zucker und Kapern in den Topf und bringen Sie alles zum Aufkochen. Anschließend fünf Minuten im offenen Topf kochen lassen.

4 Zerpflücken Sie die Kräuter. Geben Sie etwas Salz und Pfeffer in den Topf und lassen Sie alles eine Minute kochen. Füllen Sie die Suppe in Schüsseln und träufeln Sie etwas Öl darüber. Reichen Sie warmes Brot dazu.

Vorbereitung: 5 Minuten Kochzeit: 20 Minuten Insgesamt: 25 Minuten Personen: 4

Gebackene Strauchtomaten mit Knoblauch und Kräutern

500 g Strauchtomaten
2 dicke Knoblauchzehen,
in dünne Scheiben geschnitten
1 Esslöffel gehackter Thymian oder Rosmarin
2 rote Chilis, längs halbiert
5 Esslöffel extra natives Olivenöl
4 Esslöffel Balsamico
Salz und Pfeffer

1 Schneiden Sie eine Rispe in Trauben von zwei oder drei Tomaten. Schneiden Sie jede Tomate tief ein. Füllen Sie den Einschnitt mit etwas Knoblauch sowie einer Prise Kräutern und streuen Sie etwas Salz und Pfeffer darüber. Legen Sie die Tomaten in eine feuerfeste Auflaufform.

2 Säumen Sie die Tomaten mit den Chilis. Gießen Sie das Öl und den Essig darüber, schmecken Sie alles mit Salz und Pfeffer ab und backen Sie sie zwanzig Minuten im vorgeheizten Ofen bei 220 °C, Gasstufe7. Die Tomaten sollen weich sein, aber nicht auseinander fallen.

Vorbereitung: 10 Minuten Kochzeit: 15 Minuten Insgesamt: 25 Minuten Personen: 6

Auberginenaufstrich

25 g getrocknete Steinpilze
500 g Auberginen
6 Esslöffel Olivenöl
1 kleine rote Zwiebel, gehackt
2 Teelöffel Kreuzkümmel
175 g Becherlinge oder Maronen
2 Knoblauchzehen, zerdrückt
3 eingelegte Walnüsse, halbiert
Kleine Hand voll Koriander
Salz und Pfeffer
Geröstetes Nuss- oder
Vollkornbrot zum Servieren

Schon ein paar getrocknete Pilze verstärken das Aroma dieses schnell und einfach zubereiteten Aufstrichs um ein Vielfaches. Die hier aufgeführten Mengen ergeben reichlich Aufstrich. Reste halten sich ohne Probleme mehrere Tage im Kühlschrank. Sie können damit Gemüseeintöpfe würzen, oder ihn aufs Brot streichen, mit Gruyère bestreuen und backen.

1 Die getrockneten Pilze in eine Schüssel füllen und mit reichlich kochendem Wasser bedecken. Zehn Minuten weichen lassen.

2 In der Zwischenzeit die Auberginen in 1 cm dicke Würfel schneiden. Das Öl in einer großen Bratpfanne erhitzen. Die Auberginen und Zwiebeln acht Minuten bei geringer Hitze darin dünsten, bis das Gemüse weich und goldbraun ist.

3 Die getrockneten Pilze abschütten und mit Kreuzkümmel, frischen Pilzen und Knoblauch in den Topf geben. Die Zutaten weitere fünf bis sieben Minuten dünsten, bis die Auberginen sehr weich sind.

4 Die Mischung mit Walnüssen und Koriander in eine Küchenmaschine oder einen Mixer füllen, mit Salz und Pfeffer abschmecken und zu einer nicht ganz glatten Paste verarbeiten. Den Aufstrich warm oder kalt in einer Schüssel servieren. Geröstetes Brot dazu reichen.

Vorbereitung: 10 Minuten Kochzeit: 5 Minuten Insgesamt: 15 Minuten Personen: 4 – 6

Gemüsechips

Je 250 g Kartoffeln, Pastinaken und
frische Rote Bete
Öl zum Backen
Grobkörniges Meersalz
und Pfeffer

Sie haben nicht genügend Substanz für ein Hauptgericht, aber ihre Zubereitung macht sehr viel Spaß. Reichen Sie diese Gemüsechips wie die im Supermarkt erhältlichen Chips zum Knabbern und zu alkoholischen Getränken.

1 Das Gemüse mit dem Schneideeinsatz einer Küchenmaschine in sehr dünne Scheiben schneiden. Sie können es auch mit der Hand schneiden, obwohl die Scheiben dann möglicherweise nicht dünn genug werden. Die Scheiben mit Küchenpapier trocken tupfen.

2 Eine Fritteuse oder gusseiserne Pfanne zu einem Drittel mit Öl füllen. Das Öl erhitzen, bis eine Gemüsescheibe an der Oberfläche brutzelt. Einen Teil der Gemüsescheiben darin goldgelb und knusprig braten. Die Chips auf Küchenpapier abtropfen lassen, während die restlichen frittiert werden. Reichlich mit Salz und Pfeffer würzen und servieren.

Vorbereitung: 8 Minuten Kochzeit: 12 Minuten Insgesamt: 20 Minuten Personen: 4

In Butter gebackener Blumenkohl mit Brotkrumen

1 großer Blumenkohl
25 g Butter
50 g Brotkrumen
2 Esslöffel Olivenöl
3 Esslöffel Kapern
3 Gewürzgurken, fein gehackt
3 Esslöffel gehackter Dill oder Estragon
100 g Crème fraîche
4 Esslöffel geriebener Parmesan
Salz und Pfeffer

Wenn Blumenkohl in Butter gebraten wird, entfaltet er sein Aroma stärker, als beim herkömmlichen Kochen oder Dämpfen. Das hier vorgestellte Rezept eignet sich als leichtes Hauptgericht, aber auch als Beilage zu Bohnen- und Reisgerichten.

1 Schneiden Sie den Blumenkohl in große Röschen und blanchieren Sie diese zwei Minuten in kochendem Wasser. Schütten Sie das Wasser vollständig ab.

2 Zerlassen Sie die Hälfte der Butter in einer großen Bratpfanne. Rösten Sie die Brotkrumen darin goldbraun und stellen Sie alles zur Seite.

3 Lassen Sie die restliche Butter mit dem Öl im Topf aus. Fügen Sie die Blumenkohlröschen hinzu und dünsten Sie diese fünf Minuten goldgelb. Geben Sie Kapern, Gewürzgurken, Dill oder Estragon und Crème fraîche dazu, schmecken Sie das Gemüse mit Salz und Pfeffer ab und verrühren Sie es eine Minute bei mittlerer Hitze.

4 Füllen Sie das Gemüse in eine feuerfeste Auflaufform und streuen Sie die Brotkrumen und den Parmesan darüber. Lassen Sie es zwei Minuten im vorgeheizten Ofen bei mittlerer Hitze backen, bis die Brotkrumen dunkelgoldbraun werden.

Gebackenes Wurzelgemüse mit Kardamom und Honig

275 g kleine Rüben, in Viertel geschnitten
1 kleine Süßkartoffel,
gewaschen und in Stücke geschnitten
275 g mittelgroße Pastinaken, in Viertel geschnitten
8 ganze Schalotten, geschält
1 Esslöffel Kardamomkapseln
2 Esslöffel flüssiger Honig
2 Teelöffel Zitronensaft
4 Teelöffel Olivenöl
Salz und Pfeffer

Zerdrückte Kardamomkörner bringen den süßen, erdigen Geschmack von Wurzelgemüse zur vollen Entfaltung. Reichen Sie das Gericht als Beilage zu Gemüse-Pfannkuchen sowie zu scharfen Reis- und Bohnengerichten.

1 Garen Sie Rüben, Süßkartoffel, Pastinaken und Schalotten sieben bis acht Minuten in leicht gesalzenem, kochendem Wasser. Das Gemüse soll weich sein aber nicht zerfallen.

2 Zerstoßen Sie in der Zwischenzeit die Kardamomkapseln mit einem Stößel im Mörser oder mit einem Rollholz in einer kleinen Schüssel. Schälen Sie die Samen aus den Kapseln und zerstoßen Sie diese anschließend. Rühren Sie den Honig und den Zitronensaft unter und schmecken Sie die Mischung mit Salz und Pfeffer ab.

3 Schütten Sie das Wasser ab. Erhitzen Sie Öl in einer großen Bratpfanne. Geben Sie das Gemüse in das Öl und backen Sie es unter häufigem Umrühren etwa sechs Minuten goldgelb. Machen Sie das Gemüse mit dem Kardamomdressing an und verrühren Sie es eine Minute. Servieren Sie diese Speise heiß.

Desserts & Kuchen

Mit einfachen Küchentechniken, wie Backen und Schmoren, kann man aus den vielen vereinnahmenden Eigenschaften von frischem, reifem Obst profitieren und unwiderstehliche Desserts mit einem Minimum an Zeit und Aufwand kreieren. Auch Kuchen ist schnell gebacken. Er ist für den Genießer ein jederzeit willkommener, üppiger Snack und eine harmlose Versuchung.

Vorbereitung: 10 Minuten Kochzeit: 12 Minuten Insgesamt: 22 Minuten Ergibt: 10

Hafer-Scones mit Preiselbeeren und Zimt

175 g Mehl mit Backpulver
1 Teelöffel Backpulver
1 Teelöffel gemahlener Zimt
75 g Butter
75 g Streuzucker
75 g Hafermehl,
plus Extraportion zum Bestreuen
75 g getrocknete Preiselbeeren
5 – 6 Esslöffel Milch
Geschlagenes Ei oder Milch zum Glasieren

Wie alle Scones, schmecken auch diese am besten, wenn Sie frisch gebacken serviert werden. Sie können auch eingefroren und wieder aufgewärmt werden.

1 Fetten Sie ein Backblech ein. Geben Sie Mehl, Backpulver und Zimt in eine Küchenmaschine. Fügen Sie die in kleine Stücke geschnittene Butter hinzu und verarbeiten Sie die Zutaten, bis sie wie Brotkrumen aussehen. Rühren Sie den Zucker und das Hafermehl unter. Sie können auch das Mehl in eine Schüssel geben, die Butter unterziehen, anschließend das Backpulver sowie den Zimt und zum Schluss den Zucker und das Hafermehl hinzufügen.

2 Heben Sie die Preiselbeeren unter und rühren Sie die Mischung zu einem weichen Kloß. Gießen Sie bei Bedarf noch etwas Milch dazu.

3 Rollen Sie den Teig auf einer bemehlten Oberfläche 1,5 cm dick aus. Schneiden Sie mit einer runden Ausstechform Kreise von 5 cm Durchmesser aus. Legen Sie diese auf das Backblech und rollen Sie den Verschnitt für weitere Scones aus.

4 Bepinseln Sie die Scones mit dem geschlagenem Ei oder der Milch und streuen Sie das Hafermehl darüber. Backen Sie alles sieben bis zehn Minuten im vorgeheizten Ofen bei 220 °C, Gasstufe 7, bis sie aufgegangen und goldbraun sind. Legen Sie die Scones auf einen Backrost, damit sie geteilt und mit Butter bestrichen werden können.

Vorbereitung: 10 Minuten Kochzeit: 15 Minuten Insgesamt: 25 Minuten Personen: 6

Pflaumen-Amaretto-Törtchen

375 g Blätterteig
Etwas geschlagenes Ei zum Glasieren
175 g weiße oder goldene Mandelpaste
Puderzucker zum Bestreuen
500 g rote oder gelbe Pflaumen, halbiert und entsteint
4 Esslöffel Amarettolikör oder Weinbrand
Schlagsahne zum Servieren

Dieses unglaublich leichte Dessert ist bei jeder Gelegenheit richtig, sei es zum Bewirten von Freunden, oder um Ihren verzweifelten Appetit auf etwas Süßes zu bändigen.

1 Fetten Sie ein Backblech dünn ein und besprenkeln Sie es mit Wasser. Rollen Sie den Teig auf einer leicht bemehlten Arbeitsfläche aus und schneiden Sie mit einer runden Ausstechform oder mit Hilfe einer Untertasse sechs Kreise von 10 cm Durchmesser aus. Machen Sie mit der Spitze eines scharfen Messers einen flachen Einschnitt 1 cm von der Kante entfernt, um einen Rand zu formen. Bestreichen Sie die Oberfläche der Teigstücken mit Ei und legen Sie die Teigstücken auf das Backblech.

2 Rollen Sie die Mandelpaste auf einer mit Puderzucker bestreuten Arbeitsfläche aus und stechen Sie sechs Kreise von 7 cm Durchmesser aus. Legen Sie je einen Kreis in die Mitte der Kreise. Arrangieren Sie die Pflaumen auf der Mandelpaste und beträufeln Sie diese mit so viel Likör oder Weinbrand, wie die Kernmulde aufnehmen kann. Backen Sie die Törtchen bei 220 °C etwa fünfzehn Minuten im vorgeheizten Ofen, Gasstufe 7, bis der Teig aufgegangen ist.

3 Träufeln Sie den restlichen Likör über die Törtchen und verfeinern Sie diese mit Puderzucker.

Hafer-Cookies

125 g Butter, weich
125 g goldener Streuzucker
1 Ei
2 Teelöffel Vanilleextrakt
125 g Haferflocken
1 Esslöffel Sonnenblumenkerne
150 g Mehl
½ Teelöffel Backpulver
175 g weiße Schokolade,
in feine Stücke gehackt
Puderzucker zum Dekorieren

Benutzen Sie qualitativ hochwertige, weiße Schokolade zum Backen, da sie nicht so übermäßig süß ist wie die billige. Sie können nach Geschmack auch Vollmilch- oder Zartbitterschokolade verwenden.

1 Ein Backblech dünn einfetten. Den Zucker und die Butter in einer Schüssel cremig schlagen. Ei, Vanille, Haferflocken, Sonnenblumenkerne und Backpulver hinzufügen und zu einer dicken Masse kneten. Die Schokolade unterrühren.

2 Mehrere Löffel Teig auf das Backblech geben und mit dem Rücken einer Gabel etwas flach drücken.

3 Die Mischung im vorgeheizten Ofen bei 180 °C, Gasstufe 4, etwa fünfzehn Minuten backen, bis der Teig aufgeht und goldbraun ist. Fünf Minuten stehen lassen und zum Abkühlen auf einen Backrost legen. Die Cookies mit Puderzucker bestreut servieren.

Schnelles Tiramisu

5 Esslöffel starker Espressokaffee
75 g brauner Muscovado
4 Esslöffel Kaffeelikör oder 3 Esslöffel Weinbrand
75 g Biskuitkuchen, in große Stücke geteilt
400 g qualitativ hochwertiger, fertiger Vanillepudding
250 g Mascarpone
1 Teelöffel Vanilleextrakt
50 g Zartbitterschokolade, fein gehackt
Kakaopulver zum Verfeinern

1 Den Kaffee mit 2 Esslöffel Zucker und dem Likör oder Weinbrand in einer mittelgroßen Schüssel mischen. Das Biskuit in der Flüssigkeit tränken und auf einen Teller geben. Überschüssige Flüssigkeit darüber träufeln.

2 Vanillepudding, Mascarpone und Vanilleextrakt verrühren, bis sie binden und ein Drittel der Mischung auf die Biskuits streichen. Den restlichen Zucker darüber streuen und mit der Hälfte der Vanillemischung bestreichen. Zum Schluss mit der gehackten Schokolade bestreuen und eine letzte Schicht Vanillemischung auftragen.

3 Tiramisu etwa eine Stunde abkühlen lassen. Vor dem Servieren mit Kakaopulver abrunden.

Geschmorte Aprikosen mit Ingwer-Mascarpone

2 Stücke Ingwer aus dem Glas, plus
2 Esslöffel Ingwersaft aus dem Glas
250 g Mascarpone
2 Teelöffel Zitronensaft
50 g Butter
25 g leichter Muscovado
400 g frische Aprikosen, halbiert
3 Esslöffel Amarettolikör oder Weinbrand

Dieses Dessert lässt frische Aprikosen in ihrer leider zu kurzen Saison zur vollen Geltung kommen. Sollten Sie keine frischen Aprikosen bekommen, können Sie das Dessert in der gleichen Qualität mit roten oder gelben Pflaumen zubereiten. Amaretti- oder Ratafia-Biskuits ergeben eine einfache Beilage.

1 Hacken Sie den Ingwer fein und mischen Sie ihn mit Mascarpone, Zitronensaft und Ingwersaft.

2 Zerlassen Sie die Butter in einer Bratpfanne. Lassen Sie den Zucker eine Minute darin kochen, bis er sich aufgelöst hat. Fügen Sie die Aprikosen hinzu, die bei großer Hitze schmoren müssen. Die Aprikosen sollen goldgelb sein, aber nicht zerfallen. Runden Sie alles mit dem Likör oder Weinbrand ab.

3 Richten Sie den Mascarpone mit den Früchten auf den Tellern an und beträufeln Sie ihn mit dem Saft. Servieren Sie das Dessert warm.

Gebackene Pfirsiche mit karamellisiertem braunen Zucker

1 Halbieren Sie die Pfirsiche, entfernen Sie die Steine und legen Sie sie mit der Haut nach unten in eine flache, feuerfeste Auflaufform.

4 große, saftige Pfirsiche
150 ml Schlagsahne
2 Teelöffel Zitronensaft
3 Esslöffel nicht
raffinierter Puderzucker
1 Esslöffel Mandelblättchen

2 Ziehen Sie die Schlagsahne mit dem Zitronensaft ab und fügen Sie einen Esslöffel Puderzucker hinzu. Begießen Sie die Pfirsiche. Streuen Sie zuerst den restlichen Puderzucker und anschließend die Mandeln darüber.

3 Backen Sie die Pfirsiche etwa fünf Minuten im vorgeheizten Ofen bei mittlerer Hitze, bis der Zucker Blasen bildet und leicht karamellisiert. Servieren Sie alles warm.

Vorbereitung: 5 Minuten Kochzeit: 15 Minuten Insgesamt: 20 Minuten Ergibt: 10

Heidelbeer-Vanille-Muffins

150 g gemahlene Mandeln
150 g goldener Streuzucker
50 g Mehl mit Backpulver
175 g Butter, ausgelassen
4 Eiklar
1 Teelöffel Vanilleextrakt
150 g Heidelbeeren

1 Zehn Abschnitte einer Muffinform mit Papierförmchen auslegen oder einfetten. Gemahlene Mandeln, Zucker, Mehl und Butter mischen. Das Eiklar und das Vanilleextrakt hinzufügen und zu einer glatten Paste rühren.

2 Den Teig in die Muffinform füllen und mit Heidelbeeren bestreuen.

3 Die Muffins ungefähr fünfzehn Minuten im vorgeheizten Ofen bei 220 °C, Gasstufe 7, backen, bis sie in der Mitte fest sind. Fünf Minuten stehen lassen. Die Muffins zum Abkühlen auf einen Backrost legen.

Vorbereitung: 10 Minuten Kochzeit: 20 Minuten Insgesamt: 30 Minuten Personen: 4

Apfel-Toffee-Dessert

3 Äpfel, Kerngehäuse entfernt
und in dicke Scheiben geschnitten
100 g Mehl mit Backpulver, plus
1 Esslöffel als Extraportion
125 g leichter Muscovado
50 g Streuzucker
½ Teelöffel gemahlene Gewürzmischung
1 Ei
100 ml Naturjoghurt
50 g Butter, ausgelassen

Ein großartiges Dessert, dem nur wenige widerstehen können. Muscovado schmilzt beim Kochen zu einer weichen, toffeeartigen Soße für die Äpfel. Mit Vanillesoße wird das Dessert zur Perfektion abgerundet.

1 Die Apfelscheiben mit einem Esslöffel Mehl und Muscovado in einer flachen, feuerfesten Auflaufform mischen.

2 Das restliche Mehl mit dem Streuzucker und der Gewürzmischung in einer Schüssel verrühren. Ei, Joghurt und Butter dazugeben und kneten, bis sie gebunden haben.

3 Den Teig auf die Äpfel auftragen und im vorgeheizten Ofen bei 220 °C, Gasstufe 7, etwa fünfzehn bis zwanzig Minuten goldgelb backen. Die gebackenen Äpfel warm servieren.

Birnen in Sirupsoße mit Schokoladenstreuseln

50 g leichter Muscovado
25 g Rosinen
½ Teelöffel gemahlener Zimt
4 reife Birnen, halbiert,
geschält und Kerngehäuse entfernt
40 g Butter
50 g Haferflocken
25 g Haselnüsse, grob gehackt
50 g Zartbitter- oder Vollmilchschokolade, gehackt
Leicht geschlagene Sahne oder
griechischen Joghurt zum Servieren

Für dieses Dessert benötigen Sie saftige und süße Birnen, die schnell im Sirup aufweichen.

1 Geben Sie die Hälfte des Zuckers mit den Rosinen und dem Zimt in eine Bratpfanne und gießen Sie 150 ml Wasser dazu. Lassen Sie alles aufkochen, fügen Sie die Birnen hinzu, anschließend im offenen Topf bei geringer Hitze fünf Minuten schmoren lassen. Die Birnen sollen gerade weich sein.

2 Zerlassen Sie die Butter in einer separaten Pfanne oder in einem Topf. Rösten Sie die Haferflocken bei geringer Hitze zwei Minuten darin. Rühren Sie den restlichen Zucker unter und rösten Sie ihn bei geringer Hitze goldgelb.

3 Arrangieren Sie die Birnen auf die Teller. Heben Sie die Haselnüsse und Schokolade unter die Hafermischung. Geben Sie die Mischung auf die Birnen, wenn die Schokolade zu schmelzen beginnt. Runden Sie die Birnen nach Wunsch mit Sahne oder Joghurt ab.

Kirsch-Schokoladen-Scheiben

425 g Sauerkirschen aus dem Glas
3 Esslöffel Kirschlikör
1 Esslöffel Zitronensaft
100 g Ricotta
2 Esslöffel Puderzucker
25 g Zartbitterschokolade, gehackt
1 Stück eingelegter Ingwer, fein gehackt
4 dicke Scheiben feuchter Schokoladenkuchen

Gekaufter Schokoladenkuchen ist nicht wieder zu erkennen, wenn er in Likör getränkt und mit Kirschen, Ricotta und Schokoladenraspeln verfeinert wird.

1 Lassen Sie die Kirschen vollständig abtropfen. Fangen Sie aber den Sirup auf. Ziehen Sie den Sirup mit Kirschlikör und Zitronensaft ab.

2 Mischen Sie den Zucker mit dem Ricotta in einer Schüssel. Heben Sie vorsichtig Kirschen, Schokolade und Ingwer unter.

3 Legen Sie den Schokoladenkuchen auf die Teller und beträufeln Sie ihn mit Kirschsirup. Krönen Sie ihn mit der Kirschmischung.

Register

Register